CB079993

RENATO ALVES

O CASO Pedrinho

RENATO ALVES

O CASO Pedrinho

A emocionante história dos pais em busca do filho desaparecido por dezesseis anos e os bastidores da investigação policial e da cobertura jornalística

GERAÇÃO

1ª edição — Fevereiro de 2015

Grafia atualizada segundo o Acordo Ortográfico da Língua Portuguesa de 1990, que entrou em vigor no Brasil em 2009

Editor e Publisher
Luiz Fernando Emediato

Diretora Editorial
Fernanda Emediato

Produtora Editorial e Gráfica
Priscila Hernandez

Assistente Editorial
Adriana Carvalho

Capa
Alan Maia

Projeto Gráfico e Diagramação
Futura

Preparação de Texto
Hugo Almeida

Revisão
Josias A. Andrade
Daniela Nogueira

DADOS INTERNACIONAIS DE CATALOGAÇÃO NA PUBLICAÇÃO (CIP)
(Câmara Brasileira do Livro, SP, Brasil)

Alves, Renato
O caso Pedrinho: A emocionante história dos pais em busca do filho desaparecido por dezesseis anos e os bastidores da investigação policial e da cobertura jornalística / Renato Alves. – 1. ed. – São Paulo: Geração Editorial, 2012.)
ISBN 978-85-8130-118-1

1. Caso Pedrinho 2. Investigação policial 3. Reportagem investigativa 4. Repórteres e reportagens 5. Sequestro – Brasil 6. Sequestro – Investigação
I. Título. 12-14377 CDD-070.433

Índices para catálogo sistemático:
1. Reportagem policial : Jornalismo investigativo 070.43

GERAÇÃO EDITORIAL
Rua Gomes Freire, 225/229 - Lapa
CEP: 05075-010 – São Paulo – SP
Telefax.: (+ 55 11) 3256-4444
E-mail: geracaoeditorial@geracaoeditorial.com.br
www.geracaoeditorial.com.br

Impresso no Brasil
Printed in Brazil

À Eliane, aos meus pais e a todos que tiveram ou têm filho desaparecido.

Sumário

1 — Os telefonemas

Brasília, 6 de novembro de 2002. A capital da República vive a ressaca de uma das mais acirradas disputas da política local. A campanha para governador do Distrito Federal havia chegado ao segundo turno com Joaquim Roriz e Geraldo Magela. O azul do peemedebista e o vermelho do petista tomavam conta de muros, postes, carros. Repórter novato do maior jornal da cidade, o *Correio Braziliense*, me meto na cobertura política. Mas, como vinha fazendo no periódico havia dois anos e meio, acabo enveredando pelo universo policial. Política e polícia em Brasília andam juntas, em todas as esferas.

Há uma semana eu e colegas da editoria de Cidades publicamos reportagens sobre o envolvimento da Polícia Civil na campanha para reeleição do governador Joaquim Roriz. Entre outras irregularidades, delegados são suspeitos de montar um comitê pró-Roriz. O lugar, uma espécie de *bunker*, seria uma central de grampos telefônicos. Policiais pagos pelo estado estariam fazendo escutas clandestinas nos telefones dos adversários do governador. Em troca, tais delegados ganhariam cargos de chefia e outros benefícios no caso de uma reeleição, que acabara por se concretizar por meio das urnas. Também há denúncias de distribuição de dinheiro e de cestas básicas a eleitores, com a proteção de equipes da Polícia Civil.

Nem eu e nem ninguém nunca provou o esquema de grampos criminosos por parte de policiais. Tanto, que tal história não chegou a ser publicada. Mas policiais ganharam bons cargos e a Polícia Civil recebeu generosos aumentos salariais nos oito anos seguidos de administração rorizista, transformando-se na mais bem remunerada e equipada do país. Nos governos seguintes delegados e agentes seriam pivôs de escândalos nacionais, que incluiriam grampos ilegais, dossiês, vídeos, chantagens, dinheiro na meia.

Ainda em novembro de 2002, por causa de outras reportagens de menor gravidade, também envolvendo policiais civis e o governador Joaquim Roriz, recebo um telefonema anônimo na redação do jornal, instalada no ainda pouco movimentado Setor de Indústrias Gráficas — então ocupado praticamente apenas por gráficas e frequentado quase que somente por gráficos, jornalistas e alguns advogados, juízes, promotores de Justiça e servidores do Tribunal de Justiça e do Ministério Público do Distrito Federal e Territórios, com sede às margens do Eixo Monumental. Passa das 5 horas da tarde quando tiro o telefone do gancho.

— Aqui é um delegado amigo. Não vou me identificar, mas quero te fazer um pedido. Você e o jornal estão pegando muito pesado com a Polícia Civil nessa cobertura. Tão colocando todos na vala comum. Nem todo o mundo aqui é rorizista ou petista. Pô, pega mais leve.

Desconfiado, até então eu não sabia ter amigo na Polícia Civil, pergunto seu nome. Ele recusa-se a dar. Nem sequer diz em que delegacia trabalha. O telefonema soa como ameaça. Mais tarde descobrirei que o anônimo me dará pistas daquela que se transformará em uma das mais emocionantes histórias do jornalismo brasileiro, a mais instigante cobertura que fiz.

— Doutor, não me instruíram a perseguir policial algum ou a denegrir a imagem da Polícia Civil do Distrito Federal. As matérias mostram uma realidade que o senhor conhece melhor do que eu. Policiais civis usaram a máquina na campanha do governador. Caso tivessem feito o mesmo para o Magela eu iria atrás e escreveria uma matéria. O senhor tem alguma história melhor para me contar?

— Tenho sim. A Polícia Civil do Distrito Federal encontrou o Pedrinho.

— Quem? Aquele menino roubado na maternidade em 1986? O senhor está de brincadeira. Só pode ser uma estratégia para desviar o foco da cobertura política.

— Não é. Pode acreditar. Procure o doutor (não posso revelar a fonte, pois ela nunca autorizou). Ele sabe o caminho das pedras.

— Vou procurar, mas não ponho muita fé. De qualquer maneira, obrigado pela dica.

Coloco o telefone no gancho e ligo para o tal delegado, com quem tenho certa intimidade profissional. Vou direto ao assunto. Ele confirma. Conta que o suposto Pedrinho mora em Goiânia, com uma mulher que jura ser mãe dele. Diz faltar apenas o exame de DNA para a comprovação da verdadeira identidade do garoto, então com dezesseis anos. Fornece um telefone e um nome. O número é do SOS Criança, instituição que lida com casos de crianças desaparecidas. Em outro telefonema, a pessoa indicada confirma a informação e acrescenta outras. Passa o nome da mulher que diz ser a mãe do menino investigado, o telefone fixo (celular é um luxo nesses tempos) e o endereço deles em Goiânia. Faço o interurbano. Uma mulher atende. Peço para falar com a dona Vilma Martins Costa. É ela. Tento ser o mais cordial possível. Digo meu nome, função e começo a contar a história a mim relatada minutos antes. A mulher não se contém:

— Isso tudo é mentira. Não tem investigação nenhuma. Você não vai escrever isso. Vou te processar.

— Calma, dona Vilma. Ninguém disse que o menino não é filho da senhora. Nem sequer vou colocar seu nome e o dele. Não posso. Trata-se de um adolescente, menor de idade. A lei impede que eu o exponha desta maneira.

Ela não me deixa prosseguir. Aos berros, repete que me processará e desliga o telefone.

Em seguida ligo para o centro de documentação do jornal, mais conhecido internamente por sua sigla, Cedoc. Peço aos colegas do setor uma pesquisa sobre o Caso Pedrinho. A internet engatinha no Brasil. Na redação são poucos os computadores com tal ferramenta. E os que a têm são lentos e estão sempre ocupados. É a época da internet discada. Enquanto a pesquisa não vem atravesso a redação rumo a minha chefe. Entro com o coração acelerado na sala dela:

— Ana, você não vai acreditar. A polícia está perto de encontrar o Pedrinho.

— Com assim? Você tá brincando. Isso é só para abafar os escândalos.

Tentando me conter, relato o caminho percorrido por meio do telefone na última meia hora. Ela manda continuar a apuração e pede ajuda à outra Ana, a Sá, amiga de um delegado da cúpula da Polícia Civil do Distrito Federal. Ela liga imediatamente para o amigo, que reforça minha apuração.

Ana Dubeux, a chefe de redação, havia sido minha editora por um ano e meio. No primeiro dia de trabalho juntos me contou a história do Pedrinho, sem detalhes:

— Renato, o sonho de qualquer repórter policial de Brasília é encontrar o Pedrinho — e parou por aí.

Tomei aquilo como um desafio. No entanto, confesso, nunca fui atrás da história. Nem sequer cheguei a pesquisá-la na época, ou depois. De tão complexa, pensava tratar-se de uma missão exclusiva de policiais. Não era coisa para repórteres que faziam matérias policiais, o meu caso, quando comecei a carreira no *Correio Braziliense*. Aliás, iniciei neste meio não por vocação, mas por oportunidade. Dois anos antes, durante discussões para uma reforma editorial e gráfica do jornal, queriam contratar alguém para a editoria de Cidades que tivesse disposição de chegar todos os dias às 8 horas da manhã para fazer a chamada ronda, pelo telefone, ou seja, ligar de delegacia em delegacia atrás de alguma história que rendesse uma boa matéria. Algo mais do que as corriqueiras pequenas apreensões de drogas, as tentativas de homicídio, os furtos e roubos de pequenos valores. E como eu queria muito abandonar minha curta e enfadonha carreira de assessor de comunicação do Governo do Distrito Federal para, enfim, realizar o sonho de estudante de jornalismo de trabalhar na redação de um grande jornal impresso, logo me candidatei à tal vaga no *Correio* dizendo adorar fazer reportagens policiais.

Após meses perturbando secretárias e editores com regulares e insistentes telefonemas, ressaltando minha vontade de trabalhar no jornal, fui convocado para uma rápida entrevista, na qual deixaram claro que a vaga era para um *freelancer*, por dois ou três meses, com chance de contratação definitiva. Nem titubeei. Liguei para o responsável pelo cargo comissionado (não concursado) no governo local e comuniquei a demissão. Troquei o certo pelo duvidoso, um bom salário por metade dele e a frustração em um emprego burocrático pela oportunidade de realizar um sonho, consolidar uma carreira jornalística de verdade.

Em 6 de novembro de 2002, com o relógio da redação marcando 6 horas da tarde, não dá para fazer muita coisa, ir à rua, esmiuçar tal história. O jornal do dia seguinte já está sendo impresso. O *deadline*, o tempo limite para entrega das matérias na linguagem jornalística, se aproxima. Àquela hora, como em todos os dias, a redação mais se parece com uma feira. Está lotada, com secretárias, repórteres, diagramadores, subeditores, editores, todos falando ao mesmo tempo, ao telefone, uns com os outros.

Já com a pesquisa do Cedoc pronta, procuro os nomes dos pais do Pedrinho na lista telefônica. O mesmo endereço da época do rapto do garoto. Mais uma vez tenho sucesso. Atende o auditor da Receita Federal Jayro Tapajós Braule Pinto, pai do menino levado da maternidade do Hospital Santa Lúcia, em 21 de janeiro de 1986, por uma falsa assistente social. Novamente, tento ser o mais cordial possível. Identifico-me e conto sobre a apuração.

— Senhor Jayro, estou contando tudo isso para vocês não serem surpreendidos pelo jornal de amanhã. Por favor, fale para a sua esposa também.

— Estou sabendo disso por você. Não tenho nenhuma informação do caso há mais de dois anos. Mas eu e minha mulher estamos vacinados. Já são muitas decepções. De qualquer maneira, obrigado pelas informações. Fique com Deus.

A investigação do caso Pedrinho é marcada por uma sequência de frustrações. Logo após o sequestro a Polícia Civil recebeu dezenas de ligações telefônicas anônimas com informações infundadas sobre o paradeiro da sequestradora. Em uma delas, feita diretamente para a casa da família, no Lago Norte, bairro de classe média alta, o pai de Pedrinho foi avisado de que o recém-nascido estava no Hotel Diplomat, no Setor Hoteleiro Norte de Brasília. Logo o prédio estava cercado por policiais civis e militares. Era mais um trote.

Desde o sequestro do filho, Jayro e Maria Auxiliadora Rosalino Braule Pinto ainda viveram em três ocasiões a ilusão de ter reencontrado o menino. A Polícia Federal anunciara, em maio de 1986, desconfiar da identidade de Alexander, adotado por um inglês. Os investigadores chegaram a afirmar ter indícios de que o garoto era Pedrinho. Depois descobriram tratar-se de um menino nascido em Cascavel, no Paraná. Em julho de 1990, o programa *Linha Direta*, da Rede Globo, trouxe a história de um novo Pedrinho, localizado no interior de Rondônia. A família Tapajós recebeu a criança em Brasília. Parentes, amigos e vizinhos fizeram uma festa na rua de Jayro e Maria Auxiliadora, mais conhecida como Lia. A alegria durou três semanas. Testes de laboratório revelaram que o garoto não era o filho do casal. Seis anos depois apareceu um terceiro Pedrinho.

A Polícia Civil do Distrito Federal acreditou ter achado o menino em Ceilândia, a mais populosa cidade-satélite de Brasília. Sobreposição de fotos mostrou coincidências entre o rosto do vendedor de amendoins Renerson Santana e os pais de Pedrinho. O exame de DNA foi definitivo: Renerson também não era Pedrinho.

Voltemos a novembro de 2002. Desta vez a polícia se apega a denúncias recebidas por telefone, pesquisas na internet e investigações em Goiânia. Agentes e delegados acreditam que Pedrinho, já um adolescente, mora com a família de criação na capital goiana. Integrantes do Departamento de Atividades Especiais (Depate) da Polícia Civil brasiliense estiveram na cidade, ouviram o garoto e os adultos com quem mora. O que mais chamou a atenção dos policiais são marcas no corpo do adolescente, que teriam sido herdadas de Jayro Tapajós. As mais significativas são uma das orelhas um pouco torta e uma risca em um dedo do pé. Os detalhes foram percebidos pelos pais de Pedrinho no dia do nascimento dele.

Os investigadores chegaram até o garoto, em Goiás, com a ajuda de dois órgãos especializados em crimes contra crianças e adolescentes, a organização internacional Missing Kids e o SOS Criança, da Secretaria de Segurança Pública do Distrito Federal. A primeira pista sobre o paradeiro do suposto Pedrinho veio pela internet, em 20 de outubro de 2002. Uma mensagem eletrônica enviada ao Missing Kids contava a história de um garoto nascido em Brasília e adotado por uma família goiana. O denunciante, que tem a identidade preservada pela polícia, garantiu tratar-se de Pedrinho. O SOS Criança encaminhou à Polícia Civil provas apontadas pela pessoa, como fotografias e descrições do garoto e da família goiana. Delegados e agentes do Depate e da Delegacia de Homicídios entraram no caso. Os policiais foram a Goiânia, no endereço indicado pelo denunciante, onde filmaram e fotografaram o adolescente. Ninguém dos envolvidos na investigação revela mais detalhes.

No entanto, falta o resultado do exame de DNA para comprovar se o garoto é o bebê levado dos braços de Lia há dezesseis anos. Fontes policiais afirmam que o resultado sai na manhã do dia seguinte. Oficialmente nem o diretor-geral da Polícia Civil do Distrito Federal, delegado Laerte Bessa, nem o chefe do Depate, delegado Celso Moreira Ferro, aceitam dar entrevista. Mas a Divisão de Comunicação convoca uma entrevista coletiva para a tarde de 7 de novembro de 2002. O assunto é o caso Pedrinho.

2 – À espera do DNA

— Fique despreocupado, com o coração tranquilo. Viva sem medo. Continue estudando, visitando os seus amigos, a sua namorada.

— Nós não temos culpa de sermos tão semelhantes. É só você fazer o teste de DNA que tudo vai ser esclarecido.

— Para mim já não importa se você é meu filho ou não. Faço questão de conhecer uma pessoa que se parece tanto comigo.

— Se você for meu filho um nó de dezesseis anos será desatado e não vou te pressionar. Você já é um homem feito e decide o que é melhor.

Os conselhos e comentários são de Jayro Tapajós Braule Pinto. Do outro lado da linha, um adolescente de dezesseis anos, assustado, ouve tudo atentamente. É a segunda vez no dia (7 de novembro de 2002), e na vida, que ele fala com aquele senhor de cinquenta anos. Um desconhecido que pode ser o seu verdadeiro pai. Jayro conversa com aquele que pode ser Pedrinho, o filho arrancado dos braços de sua mulher. Da confortável sala de visitas da casa na quadra QI 8 do Lago Norte o auditor da Receita Federal tenta convencer o rapaz a fazer o teste de DNA.

O suposto filho de Jayro e Lia — então com quarenta e nove anos — mora em um sobrado, em um bairro de classe média de Goiânia. Ele escuta o recado ao lado de Vilma, de quarenta e sete anos, que jura ser sua mãe. Está amedrontado. Até o dia anterior não imaginava ser protagonista de uma história que comove Brasília desde a tarde de 21 de janeiro de 1986. Naquele dia uma mulher, que se fez passar por assistente social, entrou no quarto número 10 do Hospital Santa Lúcia, na Asa Sul de Brasília, e roubou Pedrinho, nascido havia treze horas.

O medo do garoto morador de Goiânia provoca o adiamento da entrevista coletiva convocada pela Polícia Civil do Distrito Federal para a tarde de 7 de novembro. Na oportunidade seria revelada e detalhada a investigação que levou ao suposto Pedrinho. Falta ainda o DNA. Na noite anterior o garoto de Goiânia recusou-se a fazê-lo. Teme pelo futuro da mãe. Acha que ela pode ser presa, caso se confirme ser ele o menino sequestrado.

Jayro liga para acalmá-lo. Explica que o crime havia prescrito oito anos antes. Diz que, de acordo com a lei, nesta situação alguém só pode ser condenado e preso se o caso for julgado até oito anos após a data do crime.

O primeiro contato entre os dois se dá no início da manhã. Jayro telefona da direção da Polícia Civil do Distrito Federal, ao lado da madrinha do menino de Goiânia e de um advogado da família dele. Ambos estão em Brasília para acompanhar a investigação. O garoto resiste. O terceiro e último telefonema de Jayro para Goiânia naquele dia é às 16h20. Ao fim do diálogo o adolescente aceita fazer o teste para verificação de paternidade. A pedido do menino, Jayro também conversa com Vilma Martins Costa. O auditor garante pretender apenas descobrir a verdade. Promete não pressionar o adolescente a abandonar a família que o criou, caso o exame comprove ser ele Pedrinho.

Jayro tenta ser comedido. Não quer se frustrar, como das outras quatro vezes em que a polícia garantiu ter encontrado o filho dele. Mas o morador do Lago Norte não esconde a esperança. Ele sabe de toda a investigação da Polícia Civil em Goiânia, embora tenha me dito o contrário no dia anterior. Os investigadores brasilienses levaram fotografias do garoto para ele reconhecer características físicas. Jayro já havia até doado sangue para um provável exame de DNA, dias antes da nossa primeira conversa por telefone. No entanto, ele tenta esconder da mulher detalhes da investigação policial. Quer poupá-la de uma nova decepção. Chega a dizer a Lia que as pistas do paradeiro do filho são poucas e inconsistentes. É no fim do segundo telefonema para o menino de Goiânia que Jayro deixa escapar o sentimento reprimido.

— Estou fazendo o meu papel de pai — comenta com a repórter Maria Ferri, do *Correio Braziliense*, que acompanha o diálogo na casa dele.

Após ter alardeado que o caso Pedrinho poderia chegar ao fim na manhã desse dia, a Polícia Civil do Distrito Federal informa ter colhido à tarde o sangue do garoto para o exame de DNA. Jayro faz uma exigência. Pede a um policial para ligar às 6 horas do dia seguinte e dizer apenas se o teste deu negativo ou positivo, sem rodeios.

Enquanto mais essa suspeita não se esclarece, Jayro busca o apoio da mulher e dos três filhos, de quinze, vinte e vinte e cinco anos.

3 – O resultado

Jayro nem precisa de despertador. Sem esforço, acorda quando faltam 15 minutos para as 6 horas da manhã de 8 de novembro de 2002, sexta-feira. Deitado na cama, apenas olha para o teto, ansioso. Sabe que às 6 horas em ponto receberá a ligação decisiva, que pode mudar a rotina de toda a família. E, na hora marcada, o telefone toca. Um barulho estridente preenche o silêncio do início da manhã. Em um salto, o homem de cabelos brancos pula da cama e corre até o aparelho. Ao tirar o fone do gancho ouve:

— Ele é teu filho. Acabou, acabou, acabou — repete, aos gritos, o agente da Polícia Civil Fábio Barcellos.

O policial está com o resultado do exame de DNA, feito com o material genético de Jayro e do menino encontrado em Goiânia. O teste aponta, com 99,99999999992% de precisão, que o rapaz de dezesseis anos, registrado como Osvaldo Martins Borges Júnior, criado a 200 quilômetros de Brasília, em Goiás, é mesmo Pedrinho, filho de Jayro e de Maria Auxiliadora Rosalino Braule Pinto, a criança roubada da maternidade Santa Lúcia em 21 de janeiro de 1986. Fábio é o agente a quem Jayro pediu para dar a notícia às 6 horas da manhã. Após o telefonema, o pai não se contém. Quer acordar os outros familiares para contar a novidade. Corre de quarto em quarto, repetindo a mesma palavra: “Acabou”. Lia, no entanto, não dá crédito à notícia.

— Eu quero falar com o policial. Não acredito nisso — afirma. Durante vinte minutos Jayro tenta ligar para Fábio Barcellos. Ao lado do telefone, Lia mantém a desconfiança, até o policial atender a ligação.

— Repete isso, repete — ela insiste.

O agente atende ao pedido e repete, mas ela continua descrente. Lia mantém a atitude até as 9 horas da manhã, quando o diretor-geral da Polícia Civil, Laerte Bessa, entra na casa da família Tapajós com uma cópia do resultado do exame de paternidade na mão. É o que faltava para acabar com uma espera de dezesseis anos, nove meses e treze dias. Em prantos, Lia desmaia. Familiares a levam para o quarto. Jayro não contém as lágrimas. Não para de falar na existência de milagres.

Do lado de fora da casa jornalistas se empurram perto do portão. Todos querem uma imagem, uma palavra da família. Só se ouvem os gritos de comemoração lá dentro. Vizinhos e curiosos pedem pelo interfone para parabenizar os Tapajós. Uma hora depois são mais de cinquenta pessoas no interior da residência. Na sala de estar os parentes comemoram a vitória, que parecia inatingível.

Lá fora não param de chegar equipes de reportagem. As televisões montam os caminhões com antenas para reportagens ao vivo. Rapidamente, Brasília e o Brasil vão se informando do fim do drama de Lia, de Jayro e dos filhos.

— Hoje é um dia de coletiva na festa do nascimento do meu filho — comemora Jayro. Ele recebe um telefonema atrás do outro enquanto tenta dar uma entrevista coletiva na porta da casa.

— Tudo isso foi uma loucura — resume, com um sorriso.

As três folhas de papel com o resultado do exame de DNA se transformam no brinquedo de Jayro durante a manhã. Aos jornalistas, mostra o documento com orgulho. Os dezesseis anos de espera, a dor e a apreensão pela família viram coisas do passado.

— Não quero mais falar nisso. O filho é nosso, descobrimos e estamos muito felizes — diz Jayro.

Por volta das 10 horas da manhã ele dispensa os jornalistas com pressa. Repórteres, cinegrafistas e fotógrafos mantêm o plantão do lado de fora. Jayro entra na varanda da casa e recebe, com um frio na espinha, uma ligação pelo celular. O número é de Goiânia. Do outro lado está a jovem de 19 anos que ajudou a polícia a encontrar Pedrinho.

— Quero te dar os parabéns — diz a moça.

Jayro não sabe o que responder. Pensa. E fala apenas:

— Muito obrigado.

— Eu quero dizer a você que já sabia de toda essa história. Quero revelar tudo, mas não posso dizer meu nome — continua ela.

A conversa termina em poucos minutos. Mais tarde, por volta do meio-dia, o telefone da casa dos Tapajós recebe outra ligação de Goiânia. Dessa vez é Pedrinho. No telefonema de 15 minutos o menino, assustado, pede ajuda. Está com medo de ser exposto em jornais e na televisão. Ele e Jayro choram. O pai dá conselhos ao filho. Tenta tranquilizar o garoto, que acabara de descobrir uma nova identidade, novos pais, nova família.

O adolescente ainda chora a morte recente do pai que o criou. A mulher que jurava ser a mãe biológica dele agora dá uma nova versão. Vilma Martins Costa diz à polícia que o bebê foi entregue ao marido por uma gari de Brasília. A Delegacia de Homicídios de Brasília não descarta a possibilidade de Vilma ser responsável pelo rapto. Os policiais vão investigar sc ela esteve no Hospital Santa Lúcia no dia do crime. E devem organizar um encontro dela com Maria Auxiliadora, que conversou com a sequestradora antes de o filho recém-nascido ser levado de seus braços. Pedrinho teme pelo destino da mãe de criação.

— Não queremos tomar nada de você. Só vamos oferecer mais amor — diz Jayro a Pedrinho.

Recomposta, Lia também fala com Pedrinho pelo telefone. Ao ouvir a voz do rapaz ela esquece os anos de sofrimento. Chora. Do que estava preparado, consegue soltar apenas a primeira frase:

— Meu filho.

O restante é desabafo da mulher que durante todos esses anos apegou-se à imagem de Nossa Senhora Aparecida, às novenas com os vizinhos e a uma centena de cartas em que narrou em detalhes o dia a dia da família que o menino nunca conheceu. Que viveu a angústia de receber por quatro vezes a notícia de que seu filho fora encontrado e depois a frustração de não ser ele.

— Você está longe, mas sempre esteve perto de mim durante todo esse tempo. Eu não quero exigir nada de você. Será da forma como você quiser — promete Lia, chorando.

— Não chore, não chore — pede o garoto antes de desligar.

Jayro vai até a porta mais uma vez. Após uma longa entrevista aos jornalistas, decide descansar. Almoça com a família e atende a mais meia dúzia de telefonemas de amigos. Está exausto. Por volta das 7 horas da noite Lia sai de casa para rezar numa paróquia do bairro. É a missa de Crisma do filho caçula. Ela volta duas horas depois, com lágrimas nos olhos.

Lia e Jayro vivem a emoção antecipada do reencontro, programado para o fim de semana. Sabem que não será uma fase fácil para nenhum deles. Com a descoberta de Pedrinho começa um novo capítulo da história que comove Brasília. A cidade para e acompanha o desfecho do caso. Todos esperam ver o abraço reprimido há dezesseis anos. Lia sonha com esse dia.

4 – Morte incomum

Forjar uma história para levar o suposto Pedrinho à delegacia, proteger a informante, gastar horas tentando arrancar uma confissão, preparar alternativas se o exame de DNA não fosse consentido. Nada disso está documentado no inquérito ou no resumo sobre o caso do recém-nascido sequestrado na maternidade do Hospital Santa Lúcia em 21 de janeiro de 1986. Nem é dito em entrevista coletiva ou por meio de nota oficial. Os bastidores do caso Pedrinho são revelados aos poucos pelos agentes e delegados que participaram da investigação.

As milhares de páginas do inquérito descrevem buscas no Rio de Janeiro, no Paraná, em Rondônia e até nos Estados Unidos, mas nenhuma das pistas seguidas levaria a Goiânia, onde Vilma Martins Costa criava Osvaldo Martins Borges Júnior, nome dado à criança roubada em Brasília. Apesar disso, o processo tem curiosidades. A começar pelo seu desarquivamento, em 1997. Uma história pitoresca levou o inquérito de volta à Delegacia de Homicídios do Distrito Federal. Um sujeito de Brazlândia, cidade-satélite a cinquenta e nove quilômetros do Plano Piloto de Brasília, se matou com a intenção de simular um assassinato para acusar a ex-mulher. Engenhoso, prendeu com um barbante o revólver no rabo de um cachorro, de modo que depois do tiro o cão levasse a arma para longe. Só não contava que seu corpo fosse cair sobre o revólver, prendendo o bicho até a chegada da polícia. O caso foi rapidamente esclarecido, mas a carta que o atrapalhado suicida deixou provocou a reabertura do caso Pedrinho.

Na carta, o homem afirmava ter conhecido uma enfermeira chilena que teria participação no sequestro do bebê. A partir daí recomeçam as investigações. A polícia brasiliense prendeu a suspeita, mas não comprovou a participação dela no rapto. A delegacia ainda trabalhava neste caso quando chegou a denúncia anônima ao Missing Kids sobre o paradeiro do suposto Pedrinho. Com base nas informações passadas ao SOS Criança, quatro agentes e três delegados foram destacados para cuidar da investigação.

A denunciante convive com o menino em Goiânia. No primeiro contato com o SOS Criança, por meio de um telefonema, ela prometeu mandar uma fotografia do garoto, mas não se identificou. Demorou a fazer novo contato. A segunda vez em que ligou falou do medo de revelar a identidade. Aos poucos a gerente do serviço foi ganhando a confiança da denunciante e ela forneceu o número do telefone na capital goiana. Houve mais de sessenta telefonemas entre a denunciante e atendentes do SOS, em outubro e novembro. Em um deles ela deu o endereço residencial do menino. Em outro, confirmou que o adolescente tinha marcas características na orelha e no pé, o que daria a Jayro, pai biológico de Pedrinho, certeza de que era seu filho antes mesmo do resultado do DNA.

Diferentemente do que havia me dito em nosso primeiro contato, por telefone, Jayro sabia da investigação sobre o menino encontrado em Goiânia. Os policiais de Brasília o mantinham informado de cada passo. Trouxeram fotografias do suposto Pedrinho para que o pai apontasse alguma semelhança física entre ele e parentes. Jayro não queria criar novas expectativas nem novas decepções, por isso manteve segredo: nem Lia nem os demais integrantes da família sabiam. A gerente do SOS fez a ponte entre a polícia e a informante.

Ela chegou a ir a Goiânia, durante as investigações. Esperou até as 4 horas da madrugada o desfecho de uma operação montada para conseguir fios de cabelo do suposto Pedrinho. Policiais disfarçados iriam com a informante a uma festa de família e ela daria um jeito de pegar o fio de cabelo. Um helicóptero da Polícia Civil do Distrito Federal levaria o material para Brasília. O menino não foi à festa e o plano acabou frustrado.

Após a denúncia e a localização do suposto Pedrinho, a Delegacia de Homicídios ficou responsável por identificar o garoto. Um agente da divisão especializada da Polícia Civil candanga fez o primeiro contato com Osvaldo Júnior. Os investigadores já sabiam que ele dirigia veículos sem carteira de habilitação, pois não tinha dezoito anos. Com o consentimento de colegas da Polícia Civil de Goiás, eles simularam uma *blitz* e o abordaram na porta da escola. Disseram que o carro dele era suspeito de ter provocado um acidente. Ele os acompanhou até a Delegacia Especial de Investigação Criminal de Goiânia (Deic), onde um agente de Brasília revelou a Osvaldo Júnior que ele integrava uma lista de nascidos no mesmo ano de um bebê sequestrado em um hospital da capital do país. Assustado, o adolescente perguntou se queriam provar que não era filho da mãe dele. Um dos investigadores respondeu que, na verdade, queriam tirá-lo da lista dos possíveis filhos do casal brasiliense. Osvaldo Júnior consentiu em doar sangue para o exame de DNA em um primeiro momento, mas hesitou após uma conversa reservada com Vilma Martins, atraída à Deic com a desculpa de que o filho havia sido flagrado em uma *blitz*.

Um mandado de busca e apreensão estava preparado caso Pedrinho e Vilma resistissem. Mas os telefonemas trocados com Jayro Tapajós fizeram o garoto ceder. Identificado Pedrinho, falta responder à pergunta: quem é a sequestradora?

5 – Silêncio e choro

Na noite anterior à divulgação do resultado do exame de DNA eu havia conversado com o diretor-geral da Polícia Civil do Distrito Federal. Entrevista extraoficial, no que nós, jornalistas, chamamos de *off*, sem direito a gravação ou divulgação da fonte de informação. Laerte Bessa, que apesar das minhas reportagens a respeito da polícia rorizista sempre me tratava respeitosamente, revelou detalhes da investigação que levara ao menino de Goiânia. E, mais importante, garantira ter certeza de, enfim, tratar-se de Pedrinho. Disse que o teste genético serviria apenas como a prova definitiva. E afirmou que o resultado sairia no começo da manhã seguinte. Para tal havia colocado de plantão toda sua equipe de peritos. Lembrou que o Laboratório de DNA Forense da Polícia Civil brasiliense era tido como o mais moderno e eficiente do país. Era, de fato.

Revelo a conversa aos meus chefes imediatos, sedento para desembarcar logo em Goiânia e ir atrás daquele que pode ser Pedrinho. Eles acreditam em mim, mas desconfiam de Bessa, envolvido diretamente nas denúncias de favorecimento à campanha de reeleição de Joaquim Roriz. Para piorar, o chefe da editoria de Ciência e Educação intervém e desmente o chefe da Polícia Civil. Jornalista experiente, diz ter consultado especialistas na área de DNA. E todos, segundo ele, afirmaram ser impossível realizar um exame de forma precisa e em tão pouco tempo quanto o anunciado por Bessa. Eu, repórter novato, um foca, no linguajar jornalístico, sou vencido pela convincente aula proferida pelo editor. Minha ida a Goiânia é adiada. Por poucas horas. Vindo da redação do jornal, chego em casa pouco antes da meia-noite, e sou acordado por volta das 7 horas da manhã de 8 de novembro de 2002 pela coordenadora de reportagem da minha editoria. Ela vai direto ao assunto:

— Renato, o menino é mesmo Pedrinho. O Laerte Bessa nos ligou. Pega uma muda de roupa. Você e um fotógrafo embarcam no primeiro voo para Goiânia, marcado para as 9 horas. Você já tem o endereço do menino. Vá até lá e conte a história dele.

Em menos de meia hora estou de banho e café tomados e com uma bolsa com roupas e acessórios suficientes para quatro ou cinco dias. Dez minutos depois entro na redação do jornal e encontro o colega Edilson Rodrigues com toda a parafernália de um repórter fotográfico preparado para longa e importante cobertura. Além de excelente e empolgado profissional, Edilson é escalado por ter morado muito tempo em Goiânia. Pode facilitar a nossa vida com contatos na polícia e imprensa local e com atalhos no congestionado e mal sinalizado trânsito da capital goiana.

Gastamos mais tempo nos trâmites burocráticos do embarque e desembarque nos aeroportos do que na viagem propriamente dita. Entre Brasília e Goiânia um avião comercial não gasta mais do que 30 minutos. Tempo insuficiente para a aeronave alcançar a altitude de cruzeiro e velocidade máxima.

Em Goiânia, após o companheiro fotógrafo certificar-se de que está tudo bem com a sua tralha, tomamos um táxi em direção ao outro lado da cidade. Enquanto dezenas de repórteres, cinegrafistas e fotógrafos fazem plantão em frente à casa de Jayro e Lia, no Lago Norte, na tentativa de entrevistas e imagens do casal transbordando de felicidade pela descoberta do paradeiro do filho roubado dezesseis anos antes, eu e Edilson montamos nossa campana na calçada da Rua Valença, quadra 173 do bairro Jardim Europa.

Ao chegar ao endereço, anotado havia dois dias em meu bloco, toco a campainha. Uma mulher que se identifica como empregada da família de Vilma Martins Costa nos atende. Pergunto por Osvaldo Martins Borges Júnior e Vilma. Ela diz que ambos saíram cedo, sem informar aonde iam. Insisto. Em seguida, aparece uma adolescente de catorze anos dizendo ser sobrinha do menino que procuramos.

— O considero irmão. Fomos criados juntos.

Ela nos pede o exemplar do jornal com a notícia sobre Pedrinho e, com os olhos marejados, entra na casa carregando um exemplar do *Correio Braziliense*. As portas e janelas são fechadas.

Sem perspectiva de contato com Pedrinho e a mãe adotiva, decidimos abordar todos os vizinhos. Perguntamos a eles se já sabem da história do menino raptado em Brasília e encontrado em Goiânia, notícia já veiculada nos telejornais locais. A quem a desconhece, contamos todo o drama dos Braule Pinto. A quem já sabe, pedimos a descrição de Osvaldo Júnior. Na dúvida, Edilson fotografa todos os garotos que passam pela rua com a aparência dele e mostra a imagem aos vizinhos. Assim trabalhamos por mais de cinco horas, sem sucesso.

Após um rápido lanche no meio da ensolarada e quente tarde, mudamos de estratégia. Telefonamos para colegas de redações de Goiânia. Um deles compartilha uma informação, àquela altura preciosa. Sabendo o nome e o endereço da escola onde Osvaldo Júnior estuda, mandamos o taxista correr para lá. Chegamos no fim da aula, a tempo de descobrir qual a turma do garoto ainda desaparecido, ao menos para nós.

Proibidos de entrevistar os colegas de Pedrinho, conhecido por Júnior entre os adolescentes, esperamos o término das atividades do lado de fora, no portão de saída. Logo toca o sinal e aparecem os jovens estudantes. Sem dificuldade, encontramos os colegas do garoto sumido. Ele é querido por todos. Gosta de se divertir e costuma visitar parentes no interior de Goiás. No entanto, a nova identidade do menino trouxe apreensão e expectativa para os amigos e familiares de Júnior.

Ele não apareceu na escola esta semana. Para os colegas, o único motivo da ausência era uma gripe, contraída no domingo. Quatro dias depois por meio do noticiário, boa parte dos alunos do Colégio Ávila toma conhecimento da verdadeira razão da falta às aulas. O melhor amigo de Júnior, de dezesseis anos, está espantado.

— Telefonei para ele hoje. Lembrei que tínhamos prova. Ele falou que não viria por causa da doença — conta, com a voz embargada.

Uma prima de Júnior, também aluna do Ávila, alterna o semblante de choque com euforia e alegria.

— O Júnior perdeu um pai e ganhou outro logo em seguida. A cabeça dele deve estar a mil.

Júnior é aluno do segundo ano do ensino médio. Estuda em um colégio de classe média alta há mais de quatro anos, desde a sexta série, no Setor Serrinha. Seu rendimento escolar é considerado muito bom pela coordenadora de ensino médio do Ávila, Lílian Maria Cíntia Campos Batista.

— Sua média em todas as matérias é 8,5. Ele nunca nos deu problema. Um menino doce, saudável, alegre.

Lílian sabe da possibilidade de Júnior ser Pedrinho há dois dias. Ela não esconde a angústia pela situação do garoto.

— Estou apreensiva. Ainda bem que ele é equilibrado. Tomara que mantenha a personalidade depois de tudo isso.

Além de aluno aplicado, o garoto é considerado bom de bola pelos colegas do Ávila. Não perde uma pelada na quadra do colégio. O coração se divide entre dois times: Corinthians e Goiás. Apesar de ter sido apelidado de *Sloth* — o monstro bondoso do filme *Os Goonies*, do diretor Steven Spielberg, febre entre os adolescentes dos anos 1980 –, Júnior faz sucesso com as meninas da escola, principalmente pelos cabelos e olhos claros.

A nova identidade de Júnior também surpreende os moradores da pequena Itaguari, a noventa quilômetros de Goiânia. Para lá o jornal onde trabalho mandou outra equipe, no começo da manhã de 8 de novembro de 2002, uma sexta-feira, logo após eu informar sobre o núcleo familiar do garoto no interior goiano. Na cidade de apenas 5 mil habitantes, o repórter Marcelo Xavier e o fotógrafo Carlos Moura encontram o agricultor Antônio Silva, de setenta e três anos. Ele é o avô materno do menino. Na casa humilde, na esquina da Rua 6 com a Rua 10, é onde Pedrinho passa a maior parte das férias e feriados prolongados. Ele esteve lá no fim de semana passado, ainda abatido com a morte recente do pai adotivo. Fora visitar o vô Tonho. Antônio é padrasto de Vilma, a mãe adotiva de Júnior. O agricultor simpático descreve o neto como um menino carinhoso e inteligente.

O melhor amigo de Júnior em Itaguari, um estudante de dezoito anos, conta ter notado que o amigo, sempre alegre e brincalhão, estava bastante abalado com a morte do pai de criação. Mas vem de uma menina, de quinze anos, a maior revelação: uma fotografia de Pedrinho, devidamente copiada pelo nosso fotógrafo. Até então nenhum jornalista nem as milhões de pessoas que acompanham o desfecho do drama da família Braule Pinto haviam visto o rosto de Pedrinho. Aquela fotografia ainda seria mantida em segredo por mais de vinte e quatro horas. Ela não estará na edição de sábado do *Correio Braziliense*. A chefia da redação quer todas as garantias de que aquele é mesmo Pedrinho e estipula um número de testemunhas: cinquenta. Enquanto toda essa gente não reconhecer, sem titubear, que aquele menino na foto guardada por uma adolescente de Itaguari é o garoto roubado de uma maternidade em Brasília dezesseis anos atrás e agora reencontrado, ela não será publicada. Com cópias da imagem em mãos, as duas equipes, em Goiânia e Itaguari — dois motoristas, dois fotógrafos e dois repórteres — iniciam o trabalho de reconhecimento na tarde de sexta-feira.

6 — As primeiras declarações

Pedrinho e sua mãe adotiva, Vilma Martins Costa, quebram o silêncio e dão as primeiras declarações desde que a história do menino raptado há dezesseis anos em Brasília foi finalmente desvendada em Goiânia. No dia seguinte à divulgação do exame de DNA que apontou a verdadeira identidade do garoto, um sábado, os dois participam de entrevista na TV Brasil Central, emissora estatal goiana, afiliada da TV Cultura de São Paulo.

O adolescente, por telefone, em endereço não revelado, responde às perguntas dos dois apresentadores. O advogado da família, Ezízio Barbosa, está todo o tempo ao lado da mãe dentro do estúdio. Na saída, eles driblam a imprensa, que espera na porta da emissora de tevê, e saem sem ser vistos. O advogado deixa o próprio carro, uma caminhonete Blazer vinho no estacionamento e pega outro veículo por outro portão da emissora.

Na entrevista de quase trinta minutos Vilma não faz revelações sobre o caso. Ela repete a versão de como Pedrinho foi parar em sua casa, pelas mãos de uma gari de Brasília. Nega que ela e o falecido marido tenham tido qualquer participação no rapto no Hospital Santa Lúcia.

— Eu não sabia da origem. Eu estava de cama e uma mulher havia oferecido para meu esposo essa criança. Falou que era um filho homem. Ele falou comigo e foi buscá-lo por eu estar debilitada. Jamais ele compraria a criança. Meu marido é muito digno.

A mãe adotiva de Pedrinho fala ainda da expectativa do encontro entre o adolescente e os pais biológicos, ainda sem data definida. Ela afirma que a demora quanto ao encontro é por causa do assédio da imprensa na porta de sua casa.

— Quero que meu filho tenha muita felicidade. O meu marido foi embora, mas Deus deu outra família, outro pai para me ajudar na educação e formação dele. Quero que ele seja muito feliz nessa família — diz Vilma, demonstrando segurança nas respostas.

Pedrinho pede paciência aos pais biológicos. Quer que eles entendam o seu momento difícil.

— Quero ter uma convivência muito boa com ela (a mãe biológica). Quero saber o que eles sentem, sei que eles sofreram muito com essas coisas assim. Eles também têm que me entender. Para mim está sendo muito difícil também.

O garoto defende os pais adotivos.

— Minha mãe não sabia de nada, meu pai não sabia de nada.

O advogado da família descarta a hipótese de Vilma Martins sofrer qualquer punição e garante que a mãe adotiva insistiu para que o filho fizesse o exame de sangue para análise de DNA.

Um dos dois entrevistadores rasga elogios à "dona Vilma" e ao "amigo" e "competente" advogado.

7 — Pedrinho some de novo

Ainda na madrugada de sábado, 9 de novembro de 2002, em Brasília, a família Braule Pinto festeja. A expectativa do encontro com o filho desaparecido há quase dezessete anos provoca um clima de euforia. Parentes, colegas e vizinhos entram e saem da casa durante toda a noite. São 2 horas da manhã e todas as luzes da casa de Jayro e Lia estão acesas. Jayro oferece café e pães de queijo aos jornalistas de plantão em frente à sua residência. De bermuda e camiseta, pede licença e toma alguns copos de uísque. Pela primeira vez em dezesseis anos brinda o nascimento do filho.

— É como se ele tivesse nascido hoje — comenta, cercado por dezenas de profissionais da imprensa. Muitos não seguram as lágrimas.

Quatro horas e trinta minutos depois Jayro sai da casa várias vezes para receber telegramas, flores, falar com os jornalistas e comprar cigarros. Mas logo a festa dá lugar à angústia.

Após dezesseis anos de espera por notícias do garoto, os pais biológicos passam o dia apreensivos. A última vez que conversaram com o filho por telefone foi na sexta-feira à tarde, por volta das 4 horas. Perto das onze e meia de sábado, justamente por não conseguir falar com o filho, o pai pede à imprensa para mandar um recado.

— Sei que ele nos vê pela imprensa. Queria dizer a Pedrinho que ele não tem culpa de nada e que não precisa se envergonhar. Ligue pra mim quando quiser. Nós só queremos te dar amor.

Logo depois Jayro consegue falar com o advogado da família adotiva do filho, Ezízio Barbosa:

— O senhor é pai também. Diga a Pedrinho que ele ganhou uma família e que não precisa ter medo porque nós o amamos muito. Eles não sabem quando o encontro com o filho vai acontecer.

São 16h15 quando três policiais chegam à casa da família Braule Pinto. Um deles segura um pedaço de papel na mão. Plantado na cozinha, espera pelo pai de Pedrinho. Quando Jayro Tapajós aparece o policial estende a mão e entrega-lhe o papel.

— Seu Jayro, o doutor Laerte Bessa pediu para o senhor ligar com urgência para este número. Ele quer falar com o senhor.

Jayro veste camisa polo azul-piscina, bermuda cáqui e chinelo de couro. O pai de Pedrinho olha para a trinca de policiais e deixa escapar um sorriso sutil, de canto de boca.

— É, eu sei. Já falei com ele.

Laerte Bessa é o diretor-geral da Polícia Civil. Mesmo oficialmente afastado das investigações sobre o rapto de Pedro Rosalino Braule Pinto, o delegado passou o dia anterior tentando acertar um encontro do garoto com os pais biológicos. Ele é um dos canais de comunicação entre as famílias goiana e brasiliense de Pedrinho.

Jayro e Bessa já haviam conversado por telefone ao meio-dia daquele sábado. Bessa disse que havia telefonado para o advogado da família adotiva do garoto em Goiânia. O advogado Ezízio Barbosa manteve em segredo o local onde Pedrinho estava e pediu garantias de que a mãe adotiva não terá complicações com a Justiça. Barbosa quer uma garantia de que a cliente não será presa.

A Delegacia de Homicídios de Brasília não descarta a possibilidade de ser Vilma Martins a mulher que raptou o bebê do Hospital Santa Lúcia em 1986. Aos jornalistas, Laerte Bessa diz considerar praticamente nula a possibilidade de a mãe adotiva ter participação no crime.

Uma sentença expedida pela 8ª Vara Criminal de Brasília e transitada em julgado em 12 de maio de 1997 determinou o arquivamento do processo que apurava o sumiço de Pedrinho por prescrição. Isso quer dizer que, desde aquela data, nenhum suspeito pode ser levado a julgamento pelo rapto, explica Bessa.

O almoço na casa dos Braule Pinto sai por volta das 4 horas da tarde. O caldeirão de arroz carreteiro é colocado sobre a mesa, rodeada por doze pessoas, entre parentes e amigos próximos da família. Durante a refeição, apenas conversas amenas: música, crianças, culinária. O tema Pedrinho só vem à tona uma vez, quando Lia comenta o telefonema da produção do *Domingão do Faustão*. A mãe de Pedrinho prefere não gravar entrevistas para o programa da Rede Globo, um campeão de audiência que vai ao ar nas tardes de domingo.

Há duas noites sem dormir direito, Jayro tenta descansar. Deita na cama por volta das 16h30, mas só consegue dormir por quinze minutos. Ansioso, vai à janela da cozinha e começa a andar pela casa, à espera do telefonema para marcar o encontro com o filho. Diz que espera até as 7 horas da noite e, se ninguém ligar, telefonará para as autoridades. Às 6 horas o telefone finalmente toca. Com ele, a família toda corre para atender.

— Oi, doutor — exclama Jayro.

A pessoa do outro lado da linha pergunta se ele quer encontrar Pedrinho.

— Só se for agora! — responde, exaltado.

O tal doutor pede que ele ligue para outro número. Jayro anota e vai ao quarto. Lia fica na sala com os parentes. Quando Jayro volta, quinze minutos depois, já está tudo marcado.

— Amanhã, às 7 horas, a polícia vem nos pegar para irmos a Goiânia, diz à família.

Todos comemoram. O local do encontro está indefinido. Jayro e Lia reúnem os familiares que estavam na casa para uma oração. No *hall* agradecem pela saúde de Pedrinho e pelo reencontro. Depois vão à churrasqueira e cantam músicas religiosas ao som de violões. Só voltam à sala para ver notícias de Pedrinho nos telejornais.

No sábado, Lia aceita conversar com o colega Dante Accioly, do *Correio Braziliense*. Ele conquistou a confiança de Jayro, Lia e seus parentes com a ajuda do repórter fotográfico Ricardo Borba, também do *Correio*, ex-namorado de uma sobrinha do casal. O cearense Dante e o pernambucano Borba integram o núcleo do jornal responsável pela cobertura do caso Pedrinho em Brasília. Graças à amizade, Borba consegue imagens exclusivas da família biológica do menino em seu ambiente privado.

Já Dante, em quarenta minutos de entrevista com a mãe do garoto, consegue extrair um resumo dos dezesseis anos do drama dela e de sua família. Ao jornalista, Lia compara sua história à mostrada no filme *Nas profundezas do mar sem fim, a*daptação do *best-seller* de Jacquelyn Mitchard. Na produção cinematográfica norte-americana, dirigida por Ulu Grosbard e que estreou em 1999, a personagem Beth Cappadora, interpretada por Michelle Pfeiffer, é uma fotógrafa dedicada que vê sua vida desmoronar quando Ben, um dos seus três filhos, é sequestrado aos três anos. Ela é apoiada pelo marido, Pat Cappadora (Treat Williams), por parentes e amigos e por Candy Bliss (Whoopi Goldberg), uma policial que faz tudo para encontrar a criança, mas não consegue nenhuma pista de Ben. Quase dez anos depois, Beth e sua família se mudam para Chicago e um garoto (Ryan Merriman) vai até a casa dela se oferecendo para cortar grama. Beth reconhece seu filho perdido, que agora usa o nome de Sam Karras. Logo é confirmado que Sam e Ben são a mesma pessoa. Mas Sam, ou Ben, tem todos seus laços e lembranças ligados à família Karras.

Na conversa na sala da casa da família, Maria Auxiliadora Braule Pinto desabafa com o repórter Dante Accioly:

— Eu passei por todas as fases do filme. Fiquei um ano querendo apenas dormir. Depois me mudei para o Rio Grande do Sul para fugir de tudo isso. Passei por uma fase complicada com meu marido e disse a ele que não conseguiria mais ser a mesma pessoa. Agora sei que terei o final feliz, como o do filme. Durante esses anos eu sempre tive esperança. Eu não me permitia morrer porque ele poderia aparecer no dia seguinte.

Lia ressalta que a esperança foi o combustível para continuar a a acreditar no reencontro com o filho sequestrado:

— Durante esses anos procurei vários caminhos para saber onde Pedrinho estava. Foram muitas suposições. Eu passei a rezar para que o ato do sequestro de Pedrinho tivesse sido por amor. Eu não podia sentir ódio de ninguém. Pedia que fosse para suprir alguém que quisesse muito ter um filho e que o tratasse com amor.

Ainda na entrevista ao repórter do *Correio*, Lia lembra ter conversado com Pedrinho pelo telefone:

— Ele ainda não me chamou de mãe. Eu disse que estou pronta para recebê-lo há quase dezessete anos, mas que quero que ele esteja pronto. Que seja tudo como ele preferir e que ele não terá perda nenhuma. Pedrinho só me disse que eu não precisava chorar mais. É uma felicidade misturada com tudo. Ontem (sexta-feira) passei o dia inteiro chorando e nem sabia o verdadeiro motivo. Hoje estou um pouco angustiada. Quero saber agora como tudo aconteceu. Quero desvendar isso e saber como ele foi levado de mim.

Apesar da ansiedade, a mãe biológica de Pedrinho diz estar preparada para o reencontro e garante que fará de tudo para não pressioná-lo. Fala em uma reaproximação natural:

— Eu já me preparei muito para esse momento. Fico ensaiando, mas não posso chorar. Não posso sufocar nem assustar Pedrinho.

Eu já comecei a me arrumar para ele achar a mãe dele bem bonita. Queria dizer a ele que estou com o coração tranquilo. Agora tudo vai ser em paz. Não quero mais sofrimento para mim nem para ele. Choro agora de felicidade. Estamos todos com muita vontade de vê-lo, mas esse encontro será tranquilo. Não quero ver medo nos olhos de meu filho.

8 — O reencontro

Na bruma leve das paixões
Que vêm de dentro
Tu vens chegando
Pra brincar no meu quintal

No teu cavalo
Peito nu, cabelo ao vento
E o sol quarando
Nossas roupas no varal...

Tu vens, tu vens
Eu já escuto os teus sinais
Tu vens, tu vens
Eu já escuto os teus sinais...

A voz do anjo
Sussurrou no meu ouvido
Eu não duvido
Já escuto os teus sinais

Que tu virias
Numa manhã de domingo
Eu te anuncio
Nos sinos das catedrais...

Desde sexta-feira, quando recebeu a confirmação de que Osvaldo Júnior é mesmo o bebê raptado em Brasília, Lia perdeu a conta de quantas vezes ouviu a música "*Anunciação*", do compositor pernambucano Alceu Valença. Andava cantarolando pela casa: "Na bruma leve das paixões que vêm de dentro, tu vens chegando pra brincar no meu quintal".

Antes do reencontro, Jayro, Lia e boa parte de Brasília e do Brasil veem o rosto de Pedrinho já adolescente, pela primeira vez, por meio do *Correio Braziliense*. Em sua edição dominical de 10 de novembro de 2002 o jornal estampa a manchete "Este é Pedrinho" e a foto de corpo inteiro do garoto, de cima abaixo da capa. As duas equipes de reportagem, em Goiânia e Itaguari, cumpriram a missão. Mostraram a fotografia a mais de cinquenta pessoas, vizinhos, parentes e colegas de escola do garoto, e todos confirmaram se tratar dele.

Ao verem a foto de Pedrinho publicada na capa do *Correio*, Jayro e Lia logo percebem a semelhança com uma das filhas do casal, Cláudia.

— Ele tem cabelos e olhos castanhos como os dela, repara Lia.

Já o pai não consegue esconder a corujice:

— Pedrinho é uma mescla de nós dois, mas parece mais comigo.

Os pais biológicos, os três irmãos de Pedrinho e alguns familiares deixam a casa, na QI 8 do Lago Norte, acompanhados por três policiais civis, às 7h20 da manhã calma de domingo. A família viaja em um micro-ônibus escolar fretado pela Polícia Civil do Distrito Federal. Atrás segue uma dezena de carros de reportagem.

São equipes de jornais impressos, TVs e rádios de todo o Brasil. Menos de 230 quilômetros separam a residência dos Tapajós e o escritório do advogado Ezízio Barbosa, em Aparecida de Goiânia, cidade pobre e violenta da região metropolitana de Goiânia, onde está marcado o reencontro.

Durante todo o trajeto os familiares de Pedrinho rezam, na tentativa de controlar a ansiedade. O micro-ônibus é escoltado por carros da Polícia Civil candanga até o escritório do advogado contratado pela mulher que criou Pedrinho como sendo filho legítimo. Lia desce do veículo amparada pelo marido. Os dois são seguidos pelos demais parentes. Antes de atravessar a porta e entrar no sobrado de paredes salmão e vidro fumê Jayro dá uma rápida declaração às dezenas de jornalistas.

— É o dia mais importante da minha vida. Parece que estou chegando à maternidade para pegar meu filho.

Após passar a porta de vidro fumê o casal deixa o sofrimento para trás e conhece a felicidade perdida em forma de menino. Às 10h34 da manhã de domingo de céu claro e brilhante na cidade goiana se cumpre a anunciação de Alceu Valença. É o desfecho de uma história de sofrimento e dor iniciada às 13h30 de 21 de janeiro de 1986. Ao escutar a canção de Alceu Valença, nos últimos dezesseis anos e nove meses, a mãe de Pedrinho costumava lembrar-se das poucas horas em que teve o filho no colo.

Os primeiros a entrar na sala onde está Pedrinho são Jayro, Lia e os irmãos Claudinha (Ana Cláudia), Kiki (Cristina) e Dudu (Eduardo). Nenhum deles consegue disfarçar a ansiedade. O garoto é apresentado a cada um dos parentes e os abraça sem pressa. Jayro e Lia não escondem o choro, reprimido durante tanto tempo. As palavras "meu filho" se repetem com a mesma frequência com que as lágrimas rolam dos olhos aliviados do casal. O garoto sorri, observado por Vilma Martins Costa.

Lia presenteia o filho com uma imagem de Nossa Senhora Aparecida, padroeira do Brasil e santa de devoção da família. A estatueta negra de vestido azul foi trazida por Maria Helena, que trabalha na casa dos Braule Pinto há mais de dez anos. A mãe também dá a Pedrinho um exemplar do livro *Devolvam meu filho!*, escrito por ela após o rapto.

A sala apertada logo é invadida por outros parentes do garoto, ansiosos por conhecê-lo. Os tios Evaldo e Dulcinéia e os primos Marcelo e Vanessa são apresentados ao rapaz. Pedrinho havia sido visto pela última vez quando media cinquenta e três centímetros. Agora tem 1m e 80 de altura e usa um brinco de argola na orelha esquerda. No reencontro com os pais verdadeiros veste camisa branca e calça *jeans* desbotada, cuidadosamente desfiada nas pernas e nos joelhos. Os olhos castanhos e os reflexos nos cabelos chamam a atenção dos familiares.

— Ele é lindo! — resume tia Dulcinéia.

Na antessala do escritório policiais da Delegacia de Homicídios do Distrito Federal impedem a entrada de jornalistas e curiosos. Após o primeiro encontro com os parentes, a porta do escritório é trancada por dentro. Tios e primos saíram. Ficaram lá apenas pais e irmãos biológicos e mãe e irmãs adotivas de Pedrinho. Todos se espremem no único sofá existente. Com muito cuidado e carinho, Lia toma a mão direita do filho entre as dela. Dá um beijo suave nos dedos de Pedrinho e sussurra em voz baixa:

— Eu sabia, meu filho. Eu sabia que esta hora ia chegar. — O garoto retribui o afago com um beijo no rosto da mãe.

Jayro chama Kiki para perto do irmão. Com a mão esquerda dá uma puxadinha na orelha dela, e, com a direita, uma na dele.

— Vocês são mesmo irmãos. As orelhas dos dois são iguais. —E o pai sorri, abraçado com o filho tão amado quanto desconhecido.

Torcedor do Goiás e do Corinthians, Pedrinho fica sabendo que Jayro também gosta de esportes. Após conversar sobre futebol, o pai pergunta se o garoto gosta de piscina. O filho diz que sim, e eles ficam de combinar uma ida a Brasília para Pedrinho conhecer a piscina da família, no Lago Norte. Jayro é o que mais conversa com Pedrinho. Repete na frente do filho o que já havia dito por telefone.

— Não queremos tirar nada de você. Você só ganhou mais uma família. Queremos lhe dar muito amor. Nossa casa é sua, meu filho.

O garoto ouve atentamente, e Jayro não cobra respostas. Após muita insistência de jornalistas, fotógrafos e cinegrafistas, Pedrinho, Jayro, Lia e Vilma sobem até a sacada do escritório. A mãe adotiva com a estatueta de Nossa Senhora Aparecida entre as mãos. Pedrinho com os pais biológicos entre os braços. O garoto parece tranquilo, apesar de incomodado com os *flashes* e os pedidos para que beijasse os pais para mais uma foto.

Da sacada, a família responde à saraivada de perguntas dos jornalistas. Com seu jeito simples e carregado sotaque goiano, Pedrinho descreve o que sente naquele momento, de forma curta e direta, característica dos adolescentes:

— Foi normal, muito bom.

Lia já havia percebido o jeito do filho ao falar pelo telefone no sábado.

— Eu perguntei se ele ia me deixar abraçá-lo. Respondeu apenas que sim.

As perguntas dos repórteres deixaram Pedrinho visivelmente encabulado.

— Uai, estou muito feliz, né. Vai ser muito bom, a família está grande.

Familiares que acompanham a entrevista na rua gritam e batem palmas a cada declaração.

O casal brasiliense quer deixar claro que Vilma também integra a família.

— Ela faz parte da família desde que começou a cuidar do nosso filho, ressalta Jayro.

Lia não desgruda do rapaz. O casal demonstra não haver mágoas entre eles.

— Agora é só felicidade, garante Lia.

Jayro descarta seu interesse em novas investigações da Polícia Civil do Distrito Federal para desvendar o sequestro do filho.

— Para nós o milagre foi realizado. O nosso interesse é ele.

Sobre as suspeitas da polícia de participação de Vilma no rapto, a mãe adotiva mostra-se segura.

— Eu não preciso temer. Eu não cometi nenhum crime.

Após a entrevista coletiva improvisada, Pedrinho, as duas famílias e um comboio de jornalistas seguem para o Setor Bueno, um dos mais nobres da capital goiana. O garoto e os parentes adotivos convidam os brasilienses para um almoço na churrascaria Montana Grill, de propriedade da dupla sertaneja Chitãozinho e Xororó, orgulho goiano. A comitiva chega ao restaurante por volta das 2 horas da tarde. Os jornalistas respeitam os pedidos dos familiares de Pedrinho para manter distância das mesas que eles juntaram para o primeiro almoço do garoto com os parentes biológicos. Até mesmo os contrariados repórteres fotográficos e cinematográficos, ávidos por uma imagem da família reunida em um típico almoço dominical em uma churrascaria, respeitam o acordo.

Tudo aparenta ir bem até Lia se levantar da mesa e ser seguida por uma parente. Ambas atravessam a porta da Montana Grill. Pouco depois, meu colega Dante Aciolly me chama para uma rápida conversa no canto. Ele havia vindo para Goiânia no comboio de jornalistas e familiares brasilienses de Pedrinho:

— Renato, acho que a Lia reconheceu a Vilma como a sequestradora. Quem me disse foi um parente dela, mas ele pediu para não publicarmos nada, pois pode atrapalhar tudo. Eles estão muito preocupados em manter uma boa relação com a Vilma, para que o garoto não se afaste deles.

Digo ao Dante que concordo com a omissão da informação, pois nem Jayro nem Lia nos falam da desconfiança. Para os demais jornalistas tudo corre dentro do previsto, o desfecho perfeito para um enredo novelesco. A esta altura Dante já está ciente de que não voltará a Brasília. Terá que comprar roupas e produtos de higiene pessoal, pois dividirá comigo a missão de descobrir o passado de Pedrinho e sua família goiana e de acompanhar o desenrolar do caso, na calorenta e engarrafada Goiânia, na companhia do colega Edilson Rodrigues.

Pouco depois das 4 horas as duas famílias se despedem na frente do restaurante. Aos jornalistas, Pedrinho fala sobre o futuro.

— Vou conviver com as duas famílias e morar aqui em Goiânia.

O garoto entra no carro que o levará ao sobrado da família goiana. Os pais embarcam no veículo com destino a Brasília. Antes, haviam combinado um próximo encontro, sem a presença da imprensa, só para eles.

9 – A versão de Vilma

Aquilo que a imprensa dá como um final feliz — "Final feliz" é a manchete do *Correio Braziliense* da segunda-feira, 11 de novembro de 2002, com a foto dos pais biológicos de Pedrinho sorridentes estampada de uma ponta à outra da página — ainda está longe de ter o desfecho tão sonhado por Lia, Jayro e todos que acompanham de perto os dezesseis anos de sofrimento do casal e de sua família. Falta a segurança de que Pedrinho, enfim, estará com os Tapajós. E Vilma Martins Costa não dá sinais de que irá facilitar esta aproximação.

Encontro com a mãe adotiva de Pedrinho na manhã do dia seguinte ao tão esperado reencontro do menino com os pais biológicos. Vilma está à espera do garoto na escola dele. É o primeiro dia de aula de Júnior — como a maioria dos colegas o chama — desde a revelação da sua primeira identidade. Decidi ir até lá para saber, agora sem o grande assédio de jornalistas de todo o país, quais os planos deles para a nova vida. Amigos de Pedrinho, com quem converso no intervalo das aulas, dizem que ele continua o mesmo, mas ninguém comenta o caso com ele.

Com o filho ainda em sala de aula, Vilma não perde a oportunidade de falar do seu passado. Ela me conta que, em quarenta e sete anos de vida, passou por alegrias e sofrimentos intensos. Descreve o momento em que recebeu Pedrinho como um dos mais marcantes de seus dias. Em janeiro de 1986, aos trinta e um anos, ela se recuperava do quinto aborto espontâneo quando o marido lhe entregou a criança. Aquele menino substituiria os filhos dela que não nasceram. Vilma diz não ter perguntado de onde o bebê vinha, apenas o acolheu em seus braços.

— Era um anjinho do céu — conta, com voz embargada.

A criança, frisa, curou a tristeza dela. Antes de o menino chegar a infelicidade era tão grande, que Vilma pensava em se matar, conta. O marido, Osvaldo Martins Borges, vinte anos mais velho, decidiu que o menino herdaria seu nome. Pedrinho virou Osvaldo Martins Borges Júnior, primeiro e único filho daquele casal. Optaram por uma certidão de nascimento falsa, porque a adoção legal seria muito burocrática, nas palavras de Vilma.

Quando Pedrinho chegou Vilma já tinha quatro filhas, mas eram de outro pai. Osvaldo também já tinha sete filhos com outra mulher, mas os dois faziam questão de ter o seu. Assim que foi recebido, o bebê tornou-se o centro da casa. De cabelos e olhos castanhos, era bem diferente das irmãs. Ainda assim, Vilma diz que ninguém desconfiou que o menino não fosse seu filho natural. No início de novembro de 2002, ao falar com policiais civis de Brasília, Vilma insistiu que o adolescente era seu filho biológico.

— Fiz para evitar confusões na cabeça dele — explica-se.

Para justificar a falta de comunicação à polícia ou à família biológica do garoto, a mãe adotiva afirma não ter acompanhado a repercussão que o rapto de Pedrinho teve no país. O assunto ocupou páginas inteiras de jornais e muito tempo em reportagens de televisão em 1986 e anos depois.

Ainda na entrevista concedida em uma sala reservada do colégio de Osvaldo Júnior, Vilma exalta as próprias virtudes. Afirma gostar de estar perto dos filhos, de conviver com os amigos deles. O sobrado da família, em um bairro de classe média de Goiânia, é o ponto de encontro da turma de Pedrinho. Embora a polícia não a descarte da lista de suspeitos do rapto do menino, Vilma demonstra tranquilidade ao responder perguntas sobre esse assunto.

Diz que como mãe não admitiria tomar para si uma criança roubada. Nascida em Itaguari (GO), Vilma morou em Presidente Prudente (SP), Rio de Janeiro (RJ), Curitiba (PR) e Trindade (GO). Tem quatro netas. Vilma e os filhos vivem bem. A casa onde a família mora de aluguel é confortável. Há três carros na garagem. Júnior, ou Pedrinho, sempre estudou em colégios particulares de Goiânia. A mãe adotiva é dona de uma pequena marcenaria, que fabrica e reforma móveis.

Três das quatro filhas dela moram no exterior — duas na Espanha e uma na Itália. Há seis meses Vilma teve um aneurisma. Alega que, por isso, não se lembra com exatidão das datas da história de Pedrinho. Ela ficou viúva em 19 de outubro 2002. O marido, com quem teria vivido por quase vinte e cinco anos, morreu de câncer. Osvaldo deixou uma herança de aproximadamente R$ 28 mil. Boatos dão conta de que os denunciantes do paradeiro de Pedrinho seriam os filhos dele do primeiro casamento, mas Vilma nega.

— Não tem briga (na família). Desde que meu marido faleceu não mexi com nada.

Após a conversa com Vilma e uma visita à sala de aula de Pedrinho, convenço o garoto a conceder uma rápida entrevista. No saguão do Colégio Ávila, após o término das aulas, ao lado da sempre atenta mãe adotiva e do advogado dela, ele começa reclamando do assédio da imprensa.

— A imprensa não me deixou tranquilo. Só a imprensa que incomodou.

Por isso, justifica, dificilmente ele sorri para as fotos de jornais. Vilma interrompe o bate-papo quando o garoto é questionado sobre a primeira visita à família biológica, em Brasília. Ela garante que Jayro e Lia terão um canal de comunicação aberto com o filho, que optou por continuar morando em Goiânia.

— Os pais biológicos, de certa forma, já estão bem tranquilos. Depois do primeiro encontro não tem o que programar. Meu filho é quem vai decidir tudo.

Apesar da péssima impressão dos jornalistas — da minha pessoa em especial, devido aos plantões na porta da sua casa e do teor de algumas reportagens, em que escrevo sobre as suspeitas relativas à Vilma —, Pedrinho não perde a paciência nem se nega a responder qualquer pergunta, mas também não faz nenhuma grande revelação. Prestes a completar dezessete anos, tido como popular e conversador entre os amigos, mostra-se tímido diante de estranhos. Mochila sobre as pernas, ele não descruza as mãos em nenhum momento. Suas respostas são quase monossilábicas. Durante a entrevista, só sorri uma vez, ao falar do Goiás Esporte Clube, um dos times do coração.

O garoto conta ter estado em Brasília "apenas de passagem", duas vezes. Não conhece praticamente nada da cidade onde nasceu.

— Foi questão de horas. Fui lá com minha mãe para pegar minhas irmãs no aeroporto e voltei para Goiânia.

Para Pedrinho, Brasília é uma cidade estranha. Por isso, diz, nem sequer tem curiosidade de conhecer a capital federal.

— Acho meio esquisito, as ruas, sei lá. Se entrar errado em uma rua você tem que voltar lá longe.

O garoto não se empolga nem quando questionado sobre a emoção do reencontro com os pais biológicos, um dia antes. Resume com um "foi normal", para depois culpar a imprensa.

— A imprensa não me deixou tranquilo, né? Mas está tudo bem. Só a imprensa mesmo que me incomodava.

Por fim, afirma já ter voltado à rotina e promete visitar os pais somente nas férias escolares, que começam em um mês. Visivelmente incomodados com o rumo da nossa conversa, a mãe adotiva e o advogado dela pedem para encerrar a entrevista. Mas Pedrinho nos surpreende ao aceitar o pedido do repórter fotográfico Edilson Rodrigues para fotos exclusivas na residência do garoto, com a mãe e as irmãs. Ele pede para Edilson ir à casa da família à tarde, após o almoço.

Conforme o combinado, após atender a telefonemas de amigos, Pedrinho abre a porta do sobrado para Edilson. Muito mais descontraído do que durante a manhã, ele posa com óculos escuros, celular e bonés e até topa trocar de figurino. Também sorri em vários momentos.

Com a descoberta de que é mesmo o menino raptado do Hospital Santa Lúcia, Pedrinho não ganhou apenas um novo pai e uma nova mãe. Com eles vieram três novos irmãos. São os filhos dos pais biológicos: Claudinha, de vinte e cinco anos; Kiki, de vinte; e Dudu, que é adotado e tem quinze. Feitas as contas, Pedrinho passa a ter doze irmãos. O garoto conheceu os filhos dos pais biológicos durante o encontro de domingo. Até então, ele só sabia da existência dos cinco meio-irmãos, três mulheres e dois homens, filhos do primeiro casamento de Osvaldo Borges, seu pai adotivo, e das outras quatro irmãs, fruto do primeiro casamento de Vilma Martins.

Pedrinho sempre teve boa convivência com as quatro filhas de Vilma: Roberta, vinte e um anos; Christiane Michelle, vinte e sete; Patrícia Helaine, trinta e dois; e Carla Beatriz, trinta e seis. Ele cresceu com uma das quatro primas, Ingrid, de dezessete anos, a quem considera irmã. Todas afirmam que nunca souberam que Júnior era adotado. Com os cinco filhos de Osvaldo Borges Pedrinho não teve contato. Desde que veio à tona que Osvaldo Júnior era o menino tirado da mãe num hospital de Brasília nenhum deles quis aparecer. Nem mesmo para conhecer os pais biológicos de Júnior.

Eu havia conversado, ainda antes do reencontro de Pedrinho com os pais biológicos, com uma das filhas de Osvaldo Borges, sob a condição de ela ter o nome preservado. Ela garantiu que os filhos do primeiro casamento nunca aprovaram a relação de Osvaldo com Vilma. Muito menos tinham conhecimento de que Pedrinho era adotivo. A filha de Osvaldo duvida da veracidade da versão de Vilma — de que o garoto foi entregue por uma gari.

— Não tomamos nenhuma providência em relação a essas afirmações dela (Vilma). Mas esperamos que Justiça seja feita: seja a Justiça divina, seja a Justiça dos homens. Só posso dizer que estamos sendo muito bem assessorados.

A denúncia de que Júnior era Pedrinho chegou por *e-mail* ao SOS Criança, um dia após a morte de Osvaldo Borges, em 20 de outubro. Suspeita-se de que a informação veio à tona por causa da disputa de uma herança deixada por Borges.

Vilma me confidencia que o marido deixou apenas um seguro de R$ 1 mil, um pecúlio de R$ 28 mil e três carros. A única filha do primeiro casamento de Osvaldo Borges que concedeu entrevista afirma que nem ela nem os quatro irmãos têm interesse na herança.

— Deixamos isso claro por meio de um documento. Temos nossas vidas. Somos independentes economicamente — ressaltou, sem informar sua profissão e as de seus irmãos.

10 – Registro falsificado

Vilma Martins Costa nega envolvimento no sequestro de Pedrinho, e os pais biológicos do garoto se recusam a acusá-la de qualquer ato criminoso. Porém, logo vem à tona um problema judicial: seu nome no registro de Osvaldo Martins Borges Júnior. Vilma pode responder por falsificação de registro, pois não é mãe biológica do rapaz. O crime, que só prescreve doze anos após a falsificação se tornar pública, tem pena de dois a seis anos de prisão. A Polícia Civil do Distrito Federal obteve a cópia da certidão, que aponta a data correta de nascimento de Pedrinho: 20 de janeiro de 1986.

Registrado em Goiânia como Osvaldo Martins Borges Júnior, a história de Pedrinho ainda tem um engodo jurídico a esclarecer. Em 23 de janeiro de 1986, dois dias depois de sequestrado, o bebê ganhou dos pais biológicos o nome de Pedro Rosalino Braule Pinto. O fato está documentado no livro A-146, página 179, do Segundo Ofício de Registro Civil do Distrito Federal. Consta que ele é brasiliense e seus pais são Jayro e Maria Auxiliadora Rosalino Braule Pinto.

Dois meses e dez dias depois o mesmo Pedro virou goiano e recebeu o nome de Osvaldo, num documento registrado no livro A-074, folha 284, do Primeiro Cartório de Registro Civil de Goiânia. Segundo a certidão, seus pais biológicos seriam Osvaldo Martins Borges e Vilma Martins da Costa. Vou ao cartório e, sem dificuldade alguma, consigo uma cópia do documento. Ele estará em uma das páginas do *Correio*, ilustrando reportagem segundo a qual o que Osvaldo e Vilma fizeram foi ilegal, uma prática conhecida como adoção à brasileira.

Os policiais têm mais trinta dias para concluir o inquérito sobre o rapto de Pedrinho. Uma das peças da investigação é a certidão de nascimento do menino. Ali estão o nome de Vilma e a possibilidade de o acordo de Laerte Bessa ser descumprido. O delegado Hertz Andrade Santos, responsável pelas investigações na Delegacia de Homicídios do Distrito Federal, não descarta a possibilidade de Vilma ter raptado Pedrinho.

A polícia também investiga a possibilidade de Pedrinho ter sido sequestrado no Hospital Santa Lúcia, na Asa Sul, e vendido ao casal de pais adotivos. A Delegacia de Homicídios pretende concluir o inquérito somente após apontar o responsável pelo crime. A polícia já tem pistas sobre a mulher que entrou no quarto 10 da maternidade para retirar a criança em 21 de janeiro de 1986.

Até o fim da semana a polícia pretende tomar novo depoimento de Vilma.. Ainda é terça-feira. Ela figura como suspeita desde 1º de novembro, quando prestou depoimento a policiais do Distrito Federal em Goiás. Negou a adoção ilegal e, mais tarde, após as declarações aos policiais, Vilma chegou a admitir que Pedrinho era de fato adotado. Disse que o recém-nascido teria sido entregue por uma gari de Brasília ao marido dela, falecido em 19 de outubro.

A Delegacia de Homicídios também vai pedir que a diretoria do Santa Lúcia informe se a mulher esteve nas dependências do hospital no dia do crime. A investigação indica que a idade, a altura, o formato do rosto e a compleição física de Vilma Martins são compatíveis com a descrição da sequestradora feita pela mãe biológica do garoto em 1986. O retrato falado da sequestradora de Pedrinho, feito pela Polícia Civil em janeiro de 1986, será transferido para um computador e trabalhado de modo a atualizar as características físicas da mulher. Os policiais querem comparar a imagem envelhecida com as suspeitas do crime. De acordo com dados colhidos pelos peritos do Instituto de Criminalística na época do sequestro, a mulher era morena, tinha cerca de trinta anos e entre um metro e sessenta e cinco e um metro e sessenta e oito de altura.

Chefe da Delegacia de Homicídios, o delegado Luiz Julião Ribeiro afirma que Vilma continua sob suspeita de ter entrado no quarto 10 do Hospital Santa Lúcia para retirar o bebê.

— Consta na certidão de nascimento de Osvaldo Júnior a assinatura do pai adotivo. O crime existiu. Osvaldo Martins morreu, mas precisamos saber como a mãe adotiva participou da irregularidade — afirma Luiz Julião, em entrevista ao *Correio*.

11 – Lia desabafa

Foram dezesseis anos e dez meses de sofrimento à procura do filho. E nove dias de silêncio e agonia desde que Lia reconheceu Vilma Martins como a sequestradora. No dia anterior ao primeiro encontro com o filho em Goiânia Lia viu a imagem de Vilma quando assistia a uma reportagem na televisão. E não teve dúvidas. Preferiu calar-se para poupar o filho, ter a chance de se aproximar dele e, enfim, abraçá-lo. No entanto já se passaram nove dias desde que ela viu o filho pela última vez, em Goiânia. Com as barreiras criadas por Vilma, que impede o adolescente de falar com os pais biológicos até pelo telefone e se recusa a marcar uma data para ele visitá-los em Brasília, Lia quebra o silêncio, convoca uma entrevista coletiva e desabafa, após prestar depoimento na Delegacia de Homicídios do Distrito Federal por quase três horas, em 18 de novembro de 2002.

— No sábado, dia 9, durante o *Jornal Nacional* eu tive a certeza completa e total, sem dúvida alguma, de que se tratava daquela mulher, que no dia 21 de janeiro de 1986 pegou meu bebê, ao lado da minha cama. A dona Vilma é a mesma pessoa que esteve no meu quarto umas cinco ou seis vezes. Afirmo isso com toda, com absoluta certeza. A Vilma ficou gravada na minha mente, no meu coração, na minha pele, na minha vida todo esse tempo. Eu não tinha dúvida de que no momento que a visse saberia quem era. A voz, os olhos são uma característica muito expressiva. E a energia daquele dia. Eu senti a mesma coisa quando estive com ela no domingo.

Ao chegar para a entrevista a um batalhão de jornalistas, Lia não consegue disfarçar a emoção e o nervosismo. Diz que não poderia mais esconder que havia reconhecido Vilma, apesar do receio de que Pedrinho se afaste ainda mais depois dessa revelação. Aproveita e manda um recado ao garoto, via imprensa.

— Pedro, eu acho que a gente não poderia recomeçar uma vida com uma mentira. Eu refleti muito desde o dia que reconheci a pessoa que estava ao seu lado, que te cria como uma mãe. Eu sofri muito esses dias pensando sobre isso. E sabia, dentro de mim, que não poderia começar uma vida, ter você, receber você na minha casa e mentir para você. Eu devia isso a você porque acho que você viveu uma mentira e não poderia deixar que prosseguisse assim. Estou até correndo o risco de que você não me queira ter do seu lado nunca mais, que fique com raiva de mim por estar acusando quem você julga ser a sua mãe. Eu sou grata a ela porque ela te criou muito bem. Eu vejo que você ama a Vilma. Eu só queria ter essa oportunidade de dizer como tem sido dolorido esse dia de hoje. Eu daria minha vida toda, meu filho, se necessário fosse, para evitar isso. Mas acho que só a verdade pode nos conduzir a um futuro melhor, a uma paz. É o que a gente almeja todos esses anos, ter você perto da gente. Quero que escute o seu coração. Que se sinta livre, não tem de acreditar em mim e nem nela. Tem de procurar as razões dentro de você. Aqui é a sua casa, sua verdadeira família somos nós.

Mesmo depois de reconhecer a sequestradora, Lia foi se encontrar com Vilma e o filho, em Goiânia, em 10 de novembro. Ela conta quanto foi difícil.

— Nunca imaginei que fosse encontrar meu filho ao lado de quem o tinha levado. Mas como a tinha visto, no sábado, no *Jornal Nacional*, eu já fui assim um tanto quanto preparada, embora com a esperança de que ela não participasse daquele encontro. Eu fingi que estava tudo bem. Era um momento em que eu não podia, de forma alguma, fazer uma revelação dessas. Eu tinha que poupar meu filho.

O pior, segundo Lia, foi ficar ao lado de Vilma.

— Ela olhou nos meus olhos e disse: você sabe que não fui eu. Eu disse que entendia. Senti isso como uma ameaça. Ela estava com meu filho e, ali, nós poderíamos ser amigas ou não. Meu filho poderia voltar para mim ou não. Eu esperava que a gente pudesse conversar com ele (Pedrinho) e, de repente, eu me deparo ali com ela. Eu olhava para ela e... repassei minha vida. Via que ela estava bem, satisfeita. Ela estava com ele. E eu me senti muito triste de ver como uma pessoa pode ser tão cruel e transformar a vida de uma família... Era injusto idealizar tanto um encontro e ter de ficar ali, parada. Não podia fazer nada.

Ao lado da mulher, Jayro aproveita o momento para desabafar. Afirma que se a convivência com o filho for dificultada pela família adotiva recorrerá à Justiça.

— Nossa limitação é a paciência, que já não está tão grande.

Jayro não fala com o filho ao telefone há sete dias. Na última conversa Pedrinho ligou para o pai biológico para pedir que ele impedisse as investigações policiais, que apontam sua mãe adotiva como a autora do crime. Para Jayro e Lia, Vilma pode consertar parte do mal que fez facilitando a aproximação deles com Pedrinho.

— Só tenho a dizer que lutei a minha vida inteira para encontrá-lo e hoje estou muito feliz. Agora, para que a felicidade seja completa, quero ter convívio com ele. E vou esperar por Pedro até o fim dos meus dias — afirma a mãe.

A única coisa que o casal não consegue suportar no momento é receber a mãe adotiva na própria casa.

— Amo meu filho e dou minha vida por ele. Mas jamais poderei exigir de minha mulher que conviva com Vilma. Ela é que tem de permitir um convívio de Pedrinho conosco — diz o pai.

Católicos, os pais não pensam em vingança e falam em perdoar a sequestradora.

— Gostaria muito que não fosse a Vilma. Se fosse outra pessoa seria até mais fácil. A gente poderia ter um relacionamento mais suave. Quero que a Vilma saiba que não é uma vingança. Apenas... não posso conviver com uma mentira. Mas para a gente ter paz e construir a nossa vida é preciso que ela deixe que ele conheça a gente. Tudo se perdoará, tudo isso vai ficar esquecido. A gente quer viver, tê-lo por perto da gente. Mas eu não poderia recebê-la na minha casa — destaca Jayro.

A distância entre Pedrinho e os pais biológicos nos últimos nove dias levou Jayro a declarar publicamente a possibilidade de acionar a Justiça para ter o direito de ver o filho ou obter a guarda compartilhada dele. Ele acusa Vilma de descumprir o trato de que daria liberdade a Pedrinho para que se reaproximasse da família de Brasília.

— Falei com ela hoje e deixei claro que só há uma chance de perdão: deixar que eu e meu filho possamos nos conhecer. É muito difícil mandar um recado para ela. A Vilma tem de pensar muito no que fez. Talvez possa consertar um pouco do erro facilitando o nosso convívio com ele e não dificultando. Sou grata a ela, criou-o muito bem, é saudável, carinhoso, amoroso. Está retribuindo o que lhe foi dado esses anos todos. Mas eu queria que ela o deixasse conhecer a nossa versão da história e decidir por si mesmo.

O depoimento e, principalmente, a entrevista coletiva de Lia repercutem rápido. Tanto que, após cinco dias sem contato, Pedrinho quebra o silêncio e fala com o pai por telefone, logo após sua mãe biológica apontar Vilma Martins como a mulher que o tirou de seus braços na maternidade.

Jayro havia tentado falar com o filho antes do depoimento. O adolescente chegou a retornar a ligação, mas a conversa só aconteceu por volta das 18h30 da segunda-feira em que Lia foi à Delegacia de Homicídios. O pai queria contar sobre o depoimento de Lia antes que a notícia saísse nos jornais. Ele não revela detalhes do diálogo com o filho.

— Tentei explicar tudo o que eu podia a ele, os motivos do depoimento e até detalhes técnicos do caso. Agora, o resto é conversa de pai para filho e isso ninguém revela.

Jayro fala também com Vilma e o advogado dela.

— Disse a eles que queremos o convívio com o Pedrinho. Que quanto mais esse convívio não se estabelecer, mais feridas vão se abrir. Vilma concorda que se faça isso, o Ezízio (o advogado) também se mostra compreensivo, mas eu preciso da atitude. Estou no limite da minha paciência. Não adianta só prometer que ele virá, ele tem que vir.

Ele e a mulher pretendem dar mais um tempo antes de reivindicar a guarda de Pedrinho na Justiça.

12 – O cerco se fecha

Logo após o depoimento de Maria Auxiliadora, a Polícia Civil do Distrito Federal declara oficialmente Vilma Martins a autora do sequestro de Pedrinho. É sob essa condição que a mãe adotiva vai ser ouvida no dia seguinte, 19 de novembro de 2002, pelos delegados Hertz Andrade Santos e José Reis dos Santos, da Delegacia de Homicídios. O interrogatório deve ocorrer na Delegacia Estadual de Investigações Criminais (Deic), em Goiânia.

O delegado-adjunto José Reis confirma o depoimento de outras três pessoas: Cleonísia de Oliveira Borges, primeira mulher de Osvaldo Martins Borges, pai de criação de Pedrinho, o filho deles, Jorge, e Maria Helena Campos Ribeiro, a dona da casa em Goiânia para onde Vilma e família se mudaram logo após o rapto.

O advogado de Vilma entra com um pedido de *habeas corpus* preventivo para tentar impedir na Justiça que uma eventual solicitação de prisão seja cumprida contra a sua cliente. O juiz Cesar Laboissiere Loyola, da 8ª Vara Criminal do Tribunal de Justiça do Distrito Federal, nega a liminar.

Caso Vilma não apareça para depor na Deic poderá ser enquadrada no artigo 330 do Código Penal Brasileiro, por desobedecer a uma intimação. A mãe adotiva de Pedrinho responde a pelo menos oito processos no Tribunal de Justiça de Goiás. São ações de cobrança, restituição de importância paga, execução fiscal, reintegração de posse e até despejo por falta de pagamento. A polícia quer saber principalmente as circunstâncias e o motivo do sequestro.

Os policiais desconhecem, por exemplo, se Vilma teve ajuda de mais alguém no dia em que entrou no Hospital Santa Lúcia e levou o bebê recém-nascido dentro de uma sacola branca.

Em depoimento uma semana antes o irmão dela, Sinfrônio Martins da Costa, admitiu que a trouxe a Brasília na semana do crime. Informou apenas ter deixado Vilma em algum ponto da cidade, que não saberia reconhecer. No mesmo dia, porém, a meia-irmã de Vilma, Guiomar Martins Costa, disse à polícia que o irmão realmente conduziu Vilma a Brasília, mas esperou que ela saísse do hospital e a levou ao aeroporto. De lá, ela pegou um avião em direção a Cuiabá, no Mato Grosso, antes de retornar a Goiânia. No caminho, ainda segundo Guiomar, comunicou ao marido que o filho deles havia nascido.

Intimada a comparecer à Deic às onze e meia da manhã de 19 de novembro, Vilma chega com dezesseis minutos de atraso. É a primeira aparição pública da empresária após o depoimento em que Lia a reconheceu como a mulher que sequestrou o bebê. No interrogatório de 1º de novembro os investigadores perceberam contradições e informações falsas de Vilma Martins. Naquele dia ela garantiu que o garoto de dezesseis anos era seu filho biológico e do marido falecido.

Meia hora antes de Vilma Martins chegar para depor as filhas dela Christiane Michelle, Roberta Jamilly e Patrícia Helaine aparecem na porta da delegacia bem vestidas e de óculos escuros. Ficam rodeando o prédio, tentando desviar a atenção da imprensa e estudar o local para a chegada da mãe.

Quando faltam 15 minutos para o meio-dia a caminhonete de cabine dupla e vidros escuros do advogado da família chega à

Deic. Vilma Martins vem logo atrás, em um Fiat Palio vermelho. Quando o carro estaciona, é cercado por um batalhão de fotógrafos, cinegrafistas e repórteres. As filhas da empresária tentam afastar os jornalistas com tapas e empurrões. O segurança também não economiza safanões. De óculos escuros, calça preta e camisa vermelha, a mãe adotiva de Pedrinho baixa a cabeça e segue até o prédio a passos ligeiros.

Ao ouvi-la novamente os delegados pretendem explorar os deslizes de Vilma registrados nas três páginas do primeiro depoimento. Não dá certo. Acompanhada de três filhas e de um segurança particular, a mãe de criação de Pedrinho entra na Deic muda e sai calada.

— Ela reservou-se o direito de só se pronunciar em juízo — explica o delegado Hertz Andrade Santos.

No entanto, a estratégia de Vilma Martins não muda o rumo das investigações. E a trilha apontada pela polícia é de que a empresária sequestrou o garoto Pedro Rosalino Braule Pinto no Hospital Santa Lúcia.

— O comportamento dela é de quem responde a um crime. Vilma Martins não tem por que produzir provas contra si mesma — afirma o delegado José Reis.

Além de Vilma Martins, cinco pessoas prestam depoimento. A primeira mulher de Osvaldo Borges, Cleonísia de Oliveira Borges; e dois filhos do casal, Jorge Augusto e Jane Borges, confirmam à polícia a informação de que o funcionário público aposentado morreu pensando ser o pai biológico de Osvaldo Júnior.

Quem também presta depoimento é Maria Helena Campos Ribeiro. É dela a casa onde Vilma Martins, Osvaldo Borges e Pedrinho foram morar logo após o sequestro do bebê, em Goiânia. A última a depor é a misteriosa informante que procurou o SOS Criança e deu as primeiras pistas sobre o paradeiro de Pedrinho. A identidade dela é mantida em sigilo.

Eu e o colega Dante Accioly já sabemos de quem se trata. Após uma sequência de telefonemas, a convencemos e aos pais a nos receberem em casa, no mesmo dia dos depoimentos na Deic, na condição de preservar a identidade de todos. A garota de dezenove anos nos revela como denunciou o paradeiro de Pedrinho ao SOS Criança. Moradora de Goiânia, ela é ligada à família adotiva de Pedrinho e fez o primeiro contato com o SOS Criança às 11 horas da noite de 22 de outubro, por telefone. O serviço recebe denúncias de ameaça ou violação aos direitos de crianças e adolescentes.

Na primeira ligação a garota limitou-se a informar o número do telefone da casa onde estaria vivendo Pedrinho. Prometeu entrar em contato com o serviço novamente para mandar outras provas pelos Correios, como fotos do rapaz. E se colocou à disposição para enviar a Brasília fios de cabelo do garoto para um possível teste de DNA. No dia seguinte voltou a ligar para o SOS Criança e forneceu o endereço residencial de Osvaldo Martins Borges Júnior, o Pedrinho. A jovem não nos dá mais detalhes, mas ela e o pai prometem nova entrevista, em breve, após revelar tudo que sabem à polícia.

De volta à Deic, os delegados brasilienses anunciam para o dia seguinte uma entrevista coletiva em que devem comunicar que não há mais dúvida de que Vilma Martins Costa foi a responsável pela subtração de Pedrinho. Devem também enviar o caso ao Ministério Público do Distrito Federal.

Além de apontar Vilma Martins como a responsável pelo sequestro, os policiais vão apontar o motivo que teria levado a empresária a cometer o crime. O relatório do inquérito vai sugerir que ela agiu com intenção clara. Vilma teria sequestrado Pedrinho para fazer com que o funcionário público aposentado Osvaldo Martins Borges abandonasse a primeira mulher para morar com ela. Como o crime de subtração de incapaz foi considerado prescrito pela Justiça em 1997, os promotores têm duas opções. A primeira é pedir o arquivamento do caso, o que livraria a mãe de criação do garoto da cadeia. A segunda seria estudar a possibilidade de denunciar Vilma por sequestro, crime de natureza permanente.

A defesa tenta desqualificar o depoimento de Lia. O advogado Ezízio Barbosa levanta uma história ocorrida pouco depois do sequestro, em 21 de janeiro de 1986. Exatamente quatro dias após o crime, Lia pensou ter reconhecido, por meio de duas fotografias, a responsável pelo rapto. Ao ver a suspeita na delegacia, no entanto, Lia admitiu ter se precipitado e não a reconheceu formalmente.

— Agora ela reconhece Vilma como sendo a pessoa que subtraiu o menor. No entanto, anteriormente havia reconhecido outra pessoa— ressalta Ezízio Barbosa.

O advogado usa como argumento o livro escrito por Lia. Em *Devolvam meu Filho!* ela dedica um capítulo ao episódio. No texto, levanta suspeitas de ter havido pressões políticas para inocentar a suspeita e reclama que no reconhecimento na delegacia não havia tempo para nada. Para Ezízio, o depoimento recente de Lia é uma tentativa de afastar Pedrinho da mãe de criação.

— Sua atitude é justificável. Existe uma disputa pelo menor.

Jayro Tapajós prefere não comentar as declarações do defensor de Vilma.

— É direito dele fazer a defesa como achar melhor.

A mulher envolvida na confusão chama-se Ângela Maria do Carmo, advogada e ex-assessora dos ex-senadores Magalhães Pinto e Alexandre Costa. Na época ela foi presa, logo após o reconhecimento informal de Lia. Os policiais chegaram até Ângela depois de investigar pessoas que adotaram crianças alguns anos antes do sequestro. Ao verificarem sua ficha na seção de investigação da Polícia Civil os policiais constataram que ela tinha semelhanças com a mulher do retrato falado.

Um amigo de trabalho garante que o constrangimento desestabilizou a vida de Ângela. Segundo ele, ela era uma mulher bonita e chamava a atenção de todos. Após a confusão Ângela se mudou para Vitória, a capital do Espírito Santo, onde adotou mais duas crianças. O caso Pedrinho tornou-se tabu para ela. Encontrada pelo *Correio*, irrita-se ao ouvir a proposta de conceder uma entrevista por telefone.

— Nunca me procuraram nesses anos todos. Por que agora? Não tenho nada a declarar sobre o caso.

Além de Ângela, mais três mulheres chegaram a ser apontadas por testemunhas e pela Polícia Civil do Distrito Federal como sequestradoras de Pedrinho. Nenhuma nunca recebeu reparação pelo equívoco.

13 – Vilma indiciada

A Polícia Civil do Distrito Federal convoca a imprensa, mais uma vez, para falar sobre o caso Pedrinho. Desta vez, em 20 de novembro, é de forma definitiva, garante a direção da instituição. Para ela não resta dúvida: Vilma Martins cometeu crime de sequestro ao levar o recém-nascido Pedro Rosalino Braule Pinto do Hospital Santa Lúcia, na tarde de 21 de janeiro de 1986. As provas já estão com o Ministério Público do Distrito Federal, que deve formular a denúncia à Justiça contra a mulher que, há dezesseis anos, saiu de Brasília rumo ao município goiano de Mara Rosa, norte do estado, com um bebê de apenas treze horas de vida. Com a desculpa de fazer exames, ele foi retirado do leito de sua mãe biológica, Maria Auxiliadora Braule Pinto.

A situação de Vilma Martins se complicou ainda mais quando o irmão dela, Sinfrônio Martins Costa, admitiu à polícia tê-la ajudado no sequestro de Pedrinho. Ele afirmou que trouxe Vilma a Brasília e a levou de volta, já com Pedrinho no colo. Essa declaração foi decisiva para a polícia encerrar o inquérito e afirmar que Vilma é a autora do crime.

No primeiro depoimento à polícia, uma semana antes, Sinfrônio omitiu informações, segundo ele, para se preservar.

— Desta vez ele disse que esperou Vilma no estacionamento do Hospital Santa Lúcia. E disse também que viu quando ela voltou com uma criança. Ele indagou sobre o bebê, mas ela mandou que voltasse logo para Goiânia — afirma o delegado Hertz, durante entrevista coletiva para apresentar a conclusão do inquérito.

Sinfrônio, na época motorista profissional, garante aos delegados que não sabia das intenções de Vilma quando a trouxe a Brasília. Para convencer o irmão a acompanhá-la, a mãe de criação de Pedrinho disse que precisava cobrar dívidas de roupas vendidas a clientes brasilienses. Segundo o delegado Luiz Julião, esse tipo de pedido era comum entre eles, uma vez que o irmão costumava receber dinheiro para fazer pequenos favores a Vilma.

O trajeto de volta a Goiânia, segundo Sinfrônio, foi complicado. Durante todo o caminho ele insistiu para que a irmã contasse o que pretendia fazer com aquela criança. Em nenhum momento ela respondeu. Apreensiva, só pedia para que ele chegasse logo ao destino. As indagações, entretanto, tomaram um rumo agressivo e os dois quase se agrediram fisicamente. Perto de Goiânia o motorista parou o carro e Vilma desceu.

Sinfrônio garante que a deixou para trás e voltou para casa. A irmã teria seguido para Mara Rosa, de onde ligou para Osvaldo Martins Borges para comunicar o nascimento do filho deles. A briga dos irmãos durou quatro anos, tempo em que os dois ficaram sem se falar.

Para a polícia, Vilma sequestrou Pedrinho com a intenção de cobrar de Osvaldo Martins Borges um relacionamento amoroso estável. Ela acreditava que o casamento com Osvaldo poderia lhe trazer estabilidade financeira, uma vez que na época ele parecia ter bastante dinheiro. Um filho em comum, teria pensado Vilma, poderia garantir essa nova situação.

O plano deu certo e Osvaldo, vinte anos mais velho do que ela, separou-se de Cleonísia de Oliveira Borges, encerrando um casamento de vinte e oito anos, com cinco filhos. Os dois foram morar juntos em uma casa no setor Pedro Ludovico, em Goiânia, logo após o registro de Pedrinho.

Para forjar a gravidez, Vilma tomou medicamentos para engordar e simular inchaço, de acordo com os investigadores. Três meses antes do rapto ela sumiu. Só reapareceu após roubar o recém-nascido no Hospital Santa Lúcia. Ela sequestrou o bebê e telefonou dizendo que era dele. Sem desconfiar, Osvaldo Borges o registrou no cartório como seu.

A inocência de Osvaldo foi confirmada pela polícia com os depoimentos da primeira família dele. A ex-mulher e duas filhas foram as últimas a ser ouvidas, segundo o delegado Julião, para evitar comentários de que a polícia teria agido de má-fé, pois Vilma era acusada pelos filhos de Osvaldo de ter destruído o relacionamento dele com Cleonísia. As três disseram que o pai de criação de Pedrinho morreu sem desconfiar da paternidade do menino e que o assunto era discutido entre os parentes do primeiro casamento.

Além disso, uma testemunha que não havia sido procurada pela Polícia Civil brasiliense apresentou-se para depor na cidade goiana de Ipameri, a cem quilômetros de Goiânia. O cozinheiro Valtuir Alves da Silva disse ter reconhecido Vilma como a sequestradora de Pedrinho, no Santa Lúcia. Valtuir afirmou que trabalhava como vendedor de salgados em frente à maternidade, em janeiro de 1986. Ele disse que Vilma chegou ao hospital acompanhada de um homem. Ela desceu com a sacola debaixo do braço, do lado direito. Depois prendeu o cabelo para trás e conversou com o homem. Vilma pagou o lanche sem esperar troco.

— Ela me entregou o dinheiro e andou uns dez metros. Depois jogou os óculos na lixeira, entrou no carro e foi embora — contou ele aos agentes.

Além da acusação por sequestro, Vilma também será denunciada por registrar Pedrinho como filho legítimo, com o nome de Osvaldo

Martins Borges Júnior. Pelo primeiro crime, a pena a ser atribuída à Vilma pode chegar a cinco anos de reclusão. Por registrar como seu o filho de outra pessoa, a pena pode variar de dois a seis anos.

A tese de sequestro a ser encampada pelo Ministério Público é diferente da defendida no relatório final da Delegacia de Homicídios do Distrito Federal. O inquérito policial apontou que a mãe de criação de Pedrinho cometeu crime de subtração de incapaz (artigo 249 do Código Penal Brasileiro), em vez de sequestro (artigo 148). Pela subtração, Vilma poderia pegar, no máximo, dois anos de detenção. Mas existe no inquérito uma sentença declaratória, transitada em julgado em maio de 1997, concluindo que o crime de subtração prescreveu. Ou seja, a Justiça não pode mais julgar nenhum dos acusados por esse crime. Mesmo que essa decisão judicial não existisse, Vilma poderia, ainda assim, livrar-se de um julgamento no caso de haver cometido crime de subtração. A tese da prescrição seria levantada agora, impedindo da mesma forma o julgamento de qualquer acusado.

Juristas defendem que a subtração é um crime instantâneo — quando a ação criminosa tem início e fim num só momento. Por essa tese, a subtração de Pedrinho teria prescrito quatro anos depois que ele foi levado da maternidade.

Já o crime de sequestro é considerado permanente. No caso de Pedrinho, a ação criminosa começou no ato da retirada do hospital e só cessou quando o garoto soube do crime e decidiu ficar com a mãe de criação. Por ser considerado crime hediondo, Vilma não teria direito a benefícios alternativos. O contrário aconteceria caso fosse condenada por subtração. Como a punição máxima por esse crime não excede os quatro anos, a acusada poderia se beneficiar com a lei das penas alternativas.

A promotora Ana Cláudia Melo, da 15ª Promotoria Criminal, tem dezesseis dias para oferecer a denúncia contra Vilma. Ela revela ainda que Sinfrônio Martins Costa, depois de confessar ter ajudado a irmã no sequestro de Pedrinho, pode ser indiciado como coautor do crime.

— Estou me baseando nas informações que o delegado Julião (Luiz Julião Ribeiro) me passou. Ainda não li o inquérito, mas esta é a tendência — ressalta a promotora, em entrevista ao *Correio*.

Quanto ao crime de registro falso, não há como Vilma escapar. Dois meses e dez dias depois de ser registrado com o nome de Pedro, em Brasília, o mesmo bebê recebeu o nome de Osvaldo, em um cartório de Goiânia. Como o crime foi consumado fora do Distrito Federal, ele só poderá ser julgado em Brasília se houver outro crime relacionado — no caso, o de sequestro. Na hipótese de o Ministério Público do DF não poder oferecer denúncia contra Vilma Martins por sequestro ou o juiz rejeitar a denúncia da promotora, o crime do registro falso deverá ser julgado em Goiânia.

A promotora Ana Cláudia deve enviar ao Tribunal de Justiça do Distrito Federal e Territórios seu parecer sobre o pedido de *habeas corpus* preventivo do advogado de Vilma, negado dois dias antes pelo juiz Cesar Laboissiere Loyola.

14 – Mais um sequestro?

Guiomar Costa, irmã de Vilma Martins, procurou a polícia do Distrito Federal na última semana para acusar Vilma de ter sequestrado, além de Pedrinho, Roberta Jamilly.

— A Roberta eles arrumaram no Taquaral, disse a mulher em depoimento. O *Correio* apurou que no hospital público de Taquaral apenas uma menina nasceu no mesmo dia em que teria nascido Roberta. Não há identificação dela nem dos pais. Sabe-se apenas que a mãe tinha vinte e seis anos na época e que o parto foi cesariana.

Em 1981, Vilma Martins também tinha vinte e seis anos. Mas na certidão, registrada em 1997, ela declara que, na ocasião do parto de Roberta, estava com trinta e quatro anos. Taquaral fica a cerca de oitenta quilômetros de Goiânia, perto de Itaguari, onde Vilma diz que Roberta nasceu.

Sabendo da denúncia de Guiomar, deixo o hotel cedo e vou ao 1º Cartório de Registro de Civil de Goiânia. Lá, havia estado no dia seguinte à revelação da verdadeira identidade de Osvaldo Borges Júnior. Sem dificuldade, obtive cópia do registro feito por Vilma Martins e Osvaldo Borges declarando ser o menino filho legítimo de ambos. Fraude desmascarada pela Polícia Civil brasiliense. Tenho esperança de obter o mesmo sucesso no caso do desaparecimento de Aparecida Fernanda Ribeiro da Silva. Ao entrar no cartório, sou recebido com um sorriso por uma das funcionárias.

— A gente esperava que o senhor voltasse. Quer uma cópia da certidão da Roberta Jamilly? A original já está separada.

Não esperava ser tão fácil conseguir mais um pequeno furo nessa cobertura. Pago a taxa devida e em menos de cinco minutos estou com a cópia da certidão de nascimento de Roberta Jamilly Martins Borges. Telefono para o jornal e conto a boa nova. Já estou com o dia ganho.

O documento do 1º Cartório de Registro Civil de Goiânia reforça a denúncia de que ela também foi roubada por Vilma Martins Costa. A certidão de Roberta Jamilly tem as mesmas características da certidão falsa de Pedrinho. A moça, assim como Pedrinho, foi registrada muito tempo após o nascimento, no mesmo cartório, como se tivesse nascido no interior de Goiás e fosse filha biológica de Osvaldo Martins Borges e Vilma Martins Costa.

O mais intrigante é que, de acordo com a certidão, Roberta Jamilly veio ao mundo em 5 de março de 1981. Osvaldo só viria a conhecer Vilma quatro anos depois.

A notícia do dia está na mão, mas a apuração não está concluída. Preciso ouvir o outro lado. Vou atrás de Vilma Martins para ela me explicar tais incongruências. Ela evita a imprensa desde que a irmã Guiomar disse à polícia que Roberta também havia sido sequestrada. O advogado de Vilma garante que a menina é mesmo filha de Vilma. Só não diz quem é o pai.

O registro de Roberta foi feito em 12 de fevereiro de 1997, quando ela estava prestes a completar dezesseis anos. Vilma e Osvaldo declararam no cartório que a menina nasceu em Itaguari. Assim como no caso de Pedrinho, Osvaldo Borges foi quem registrou Roberta. Consta na certidão que Vilma foi uma das duas testemunhas.

Na casa de número 228, na esquina da Rua 10 com a Rua 6, em Itaguari, mora o agricultor Antônio da Silva, padrasto de Vilma e avô de criação de Pedrinho e Roberta. Eu o visitei um dia antes da revelação de Guiomar. O vô Tonho, como é chamado pelos netos, me disse nunca ter visto Vilma grávida, muito menos na época em que Pedrinho e Roberta nasceram.

— Eu nunca nem vi os filhos da Vilma pequenos.

Com a cópia da certidão de Roberta Jamilly, volto a Itaguari. No cartório da pequena cidade não há nenhum registro com o nome da menina criada por Vilma e Osvaldo como filha legítima de ambos. Ao meu colega Dante, o filho mais velho de Osvaldo, Jorge Augusto Borges, de quarenta e três anos, afirma que Vilma não conhecia o pai dele em 1981, ano de nascimento de Roberta. Jorge diz que a família nunca soube que Osvaldo havia registrado a suposta filha de Vilma.

— Meu pai pode até ter registrado a garota para efeito de seguro de saúde. Mas ele certamente sabia que Roberta não era filha dele.

Segundo a primeira família de Osvaldo, o aposentado morreu pensando que Osvaldo Júnior era filho biológico dele.

A pedido do Ministério Público do Distrito Federal, a Polícia Civil de Goiás começa a investigar a denúncia de que Roberta não é filha de Vilma Martins. E Vilma Martins pode ter mais problemas com a Justiça. Uma pasta de cartolina amarela perdida nos arquivos da escola primária Hora Alegre, em Goiânia, revela que Roberta Jamilly Rassi frequentou o colégio entre 1989 e 1992. Segundo o documento, ela é filha de Vilma Martins Costa e Jamal Rassi.

15 — A denunciante

Após uma semana de insistentes telefonemas da nossa parte e de troca de *e-mails*, eu e o colega Dante Accioly temos uma resposta favorável ao pedido de entrevista com um dos personagens centrais da investigação policial que levou a Polícia Civil do Distrito Federal a Goiânia e a Pedrinho. O pai da garota que denunciou anonimamente o paradeiro do menino sequestrado em Brasília há quase dezessete anos nos convida para ir até a casa da família e conhecer a garota. Eufóricos, eu, Dante e o repórter fotográfico Edilson Rodrigues rumamos para um bairro de classe média de Goiânia, onde ela mora em um edifício de alto padrão, de frente para um dos belos e arborizados parques da cidade. É a primeira vez que Gabriela Azeredo Borges falará com uma equipe de reportagem.

Ela e seus pais nos recebem de forma hospitaleira. A bela garota de dezenove anos e longos cabelos loiros logo demonstra sua educação e timidez. Ela se diz ansiosa em encontrar os pais biológicos de Pedrinho. Aluna do curso de Secretariado Executivo da Universidade Católica de Goiás e funcionária da Saneago — estatal fornecedora de água de Goiás —, Gabriela convive com o garoto há dezesseis anos. Para ela, até um teste de DNA mostrar a verdadeira identidade do menino, duas semanas atrás, Pedrinho era seu tio, e se chamava Osvaldo Borges Júnior. Aproveitando um momento de descontração e empatia, ligamos o gravador e começamos a entrevista.

— O que a levou a fazer a denúncia?

— Quando fui visitar meu avô (Osvaldo Martins Borges) no hospital, escutei a Vilma dizer que havia feito laqueadura (cirurgia que impede a mulher de ter filhos) há uns vinte anos. Aquilo confirmou a suspeita do meu pai (Jorge Borges, filho de Osvaldo) e das minhas tias de que Júnior não era filho de Vilma e do meu avô.

— Mas por que você queria trazer esse assunto à tona?

— Não era por vingança, porque Vilma tirou meu avô da minha avó. Esperei meu avô morrer para ele não sofrer. A família do Pedrinho tinha o direito de saber pelo menos onde ele estava, se ele estava vivo.

— Como você descobriu o SOS Criança?

— Por curiosidade. Entrei no *site* de crianças desaparecidas e achei a página do Missing Kids (serviço incluído no SOS). Lá, vi o caso do Pedrinho e uma foto do pai biológico dele, aos dez anos. Achei o Júnior muito parecido com o Jayro, principalmente as orelhas tortas. A data de nascimento do garoto também me chamou atenção. Sabia que Júnior havia nascido em janeiro. Aí liguei para o SOS, no dia 22. O plantonista me ouviu, mas não acreditou muito quando disse que tinha pistas sobre Pedrinho.

— E qual foi a primeira prova que você apresentou?

— Liguei para o SOS no dia seguinte e falei com a Ivanda Martins (coordenadora do serviço). Dei o endereço dele e me propus a pegar um fio de cabelo do Júnior para exame de DNA. Ia fazer isso numa festa de quinze anos, a que ele não foi.

— Sua família sabia dos seus contatos com o SOS?

— Não. Fiz tudo sozinha. Meu pai não aprovaria. Resolvi contar primeiro para o meu irmão Gustavo (vinte e três anos), no dia em que saiu matéria na tevê sobre o resultado do DNA que provou que Júnior é Pedrinho. Foi ele quem deu a notícia para meu pai.

— E como você reagiu quando viu a felicidade dos pais adotivos de Pedrinho pela tevê?

— Também fiquei muito feliz. Liguei para o Jayro na mesma noite e dei os parabéns a ele. Não deu para conversarmos direito porque ele estava muito eufórico. Quero encontrar com ele e a mulher o mais rápido possível.

— Sua denúncia não só ajudou a revelar o paradeiro de Pedrinho como também provocou outras investigações sobre Vilma Martins. Isso a deixa com algum receio ou arrependimento?

— Claro que não. Não fiz nada de errado.

Encerramos logo a entrevista porque a noite se aproxima e o nosso prazo para enviar a matéria está se esgotando. Temos que enfrentar o trânsito da capital goiana no horário de *rush*, passar para o computador os melhores trechos da entrevista gravada e transmitir o texto e as fotos para Brasília, por uma internet lenta. Como de costume, após uma série de telefonemas dos chefes cobrando o material e pressionando por causa do horário, tudo chega a tempo de ser publicado na edição de 22 de novembro. Apesar de se tratar de mais um furo, a entrevista, no entanto, é relegada a um pequeno espaço no pé da página, sem chamada na capa do jornal, para a frustração do trio hospedado em Goiânia.

16 – O choro de Lia e Ana Maria Braga

Preocupados com a falta de notícias do filho, Lia e Jayro decidem fazer um apelo em rede nacional de televisão. Ambos aceitam convite da apresentadora Ana Maria Braga e vão à sede da TV Globo em Brasília, na área central da capital, para participar ao vivo do programa *Mais Você*, exibido pela Globo para todo o país. O casal é a principal atração da manhã de 22 de novembro de 2002, sexta-feira.

Assim que Ana Maria, do estúdio no Rio de Janeiro, dá a palavra aos dois, Jayro e Lia começam um apelo emocionado pela tão esperada reaproximação com o filho desaparecido há dezesseis anos, que ambos reencontraram havia doze dias e ainda não tinham conseguido rever. Os dois se mostram apreensivos com a falta de contato com o adolescente. Lia não fala com o filho desde o dia do encontro em Aparecida de Goiânia, há cerca de duas semanas. Jayro conversou com Pedrinho, por telefone, na segunda-feira.

A entrevista ocupa quase todo um bloco do programa de Ana Maria Braga. Nos quase 30 minutos de desabafo de Lia e Jayro a apresentadora se emociona e chora em alguns momentos. Jayro diz que, nas conversas por telefone percebeu a angústia do filho. Mas o garoto evitou falar sobre as acusações que pesam sobre Vilma.

— Eu tenho procurado explicar tudo, como as coisas vão se desenrolar — ressalta Jayro.

O pai acredita que Pedrinho vai compreender a história da qual é o protagonista.

— Ele é inteligente, vai começar a entender tudo o que aconteceu na vida dele. Temos certeza de que o tempo vai nos levar a essa convivência.

É quando Lia começa a falar, que os estúdios, em Brasília e no Rio, se calam completamente. Além de Ana Maria Braga, técnicos e operadores de câmeras não seguram as lágrimas. Primeiro, ela se explica para o menino, por causa do depoimento que prestou na polícia de Brasília apontando Vilma como a sequestradora.

— Refleti se valia a pena, se iria magoá-lo, mas também seria sustentar uma situação de mentira. Vi que não podia. Não saberia viver com essa situação. Depois de muito pensar, vi que a melhor coisa a fazer era essa revelação. Queria começar uma vida nova, juntos, sem mentira.

Lia também comenta a frustração de reencontrar Pedrinho ao lado de Vilma.

— Não esperava encontrá-la naquele encontro. Encontro muito idealizado. Esperava um encontro reservado. Mas acabou sendo frustrante. Não tive a liberdade de me aproximar dele como idealizei.

Por fim, Lia manda diversas mensagens de carinho e apoio ao filho.

— Estaremos esperando até o fim dos meus dias. E ele terá todo o tempo para refletir, amadurecer. Ele é apenas um adolescente e está chegando muita informação repentina para ele.

— Meu filho, é difícil imaginar o que é viver dezessete anos esperando dia e noite. Nas minhas cartas, que eu sei que você vai ler um dia, eu às vezes dizia a Nossa Senhora: apenas um sonho, um sonho, me mostre se ele está bem que eu vou ficar em paz.

— Quero que você saiba que o fato de saber que você está bem transformou a minha vida. Eu estou tranquila, tenho dormido. Agora, eu te abençoo.

— Meu filho, eu estou te esperando. Mas sinta-se livre, não se sinta pressionado. Eu te amo de uma maneira incondicional. Da forma que você quiser, eu estarei preparada para aceitar.

Sem se conter, antes de se despedir dos pais de Pedrinho, já derramando lágrimas, Ana Maria Braga toma a palavra.

— Acorda, Pedrinho! Esses aqui são os seus pais verdadeiros. Eles te amam!

Assisto à entrevista no quarto do hotel, em Goiânia. Até antes de ela começar, sem saber que Lia e Jayro falariam naquele dia, não tinha nenhuma ideia de pauta para a sexta-feira, mas sabia que iriam me cobrar "algo diferente", um furo, como em todos os dias. Assim que a entrevista acabou liguei para o colega Edilson Rodrigues e o motorista. Agora, éramos somente os três em Goiânia. Dante, que havia vindo apenas para cobrir o reencontro dos pais com o filho sequestrado, depois de cinco dias na capital goiana foi convocado a voltar a Brasília para cobrir o caso lá. Não pensei duas vezes e convoquei os colegas de cobertura a irmos direto à escola de Pedrinho.

Ao chegar ao Colégio Ávila sou mais uma vez recebido pela orientadora. Logo pergunto como está o menino e se ele assistiu à entrevista dos pais biológicos a Ana Maria Braga. Ela responde que ele está confuso, justamente por ter visto o programa e, mais importante, revelou a vontade de reencontrá-los. Mas mandou dizer que não queria falar mais com a imprensa. Respeito a decisão do garoto, no entanto fico até o término das aulas para tentar convencê-lo a me conceder uma nova entrevista. Tento entendê-lo, mas sei que os meus chefes não nos entenderão: vão cobrar uma declaração a qualquer custo, além de uma boa foto. Vou em direção a Pedrinho no fim da aula, mas esbarro antes em Vilma. Sem esconder o nervosismo, certamente muito em razão das declarações de Lia e Jayro, ela praticamente nos expulsa da via pública. Não forçamos a barra e vamos embora. Dou um telefonema à redação do jornal. Meus chefes não entendem a situação e nos mandam tentar a foto e a entrevista até o fim do dia. Não fazemos mais do que o plantão longo e improdutivo na casa de Vilma e Pedrinho.

Após a entrevista, Lia e Jayro vão para casa. Ela recebe a visita de parentes e amigos e flores enviadas por Ana Maria Braga por meio da produção da TV Globo em Brasília. Os pais passam o restante do dia na expectativa de Pedrinho vir a Brasília. Por volta das quinze para as oito horas da noite, a mãe de Pedrinho vai à Paróquia Nossa Senhora do Lago, na QI 4 do Lago Norte. Até as 9 horas o encontro não ocorre. Lia e Jayro vão ao portão da casa e falam com o batalhão de jornalistas à espera do novo encontro.

— Acho pouco provável que ele venha hoje. Acredito que ele virá no próximo fim de semana, diz — Lia aparentando tranquilidade.

— Não acredito nem desacredito. Estou fazendo o meu papel de esperar — completa Jayro.

O dia termina sem a visita de Pedrinho.

17 – De volta a Brasília

Os apelos de Lia, Jayro e Ana Maria Braga dão resultado. Na tarde ensolarada de sábado, à uma hora em ponto, o menino alto, de andar desengonçado, pele clara, olhar desconfiado, desce do carro com três amigos de Goiânia. A chegada do adolescente traz alegria e lágrimas. Os vizinhos soltam fogos de artifício. Pedrinho abraça e beija Lia. Em seguida, repete o gesto com o pai. Vestido em seu figurino predileto, camiseta branca, calça *jeans* e tênis, o menino finalmente atravessa o portão branco e entra na casa cor-de-rosa de seus pais biológicos, na QI 8 do Lago Norte.

Jayro, Lia e o filho já estão dentro da casa quando ela cai no choro. Um sobrinho ampara Lia e a abraça por quase cinco minutos. Lia passa mal e se senta no chão, encostada na parede da garagem. Uma empregada da família traz um copo com água. Mais calma, a mãe entra para mostrar a casa ao filho.

A família se reúne para o almoço logo após a chegada do garoto. Jayro, Lia, Pedrinho, os amigos de Goiânia e alguns primos sentam-se à mesa. Na primeira visita à sua casa brasiliense, o adolescente come feijão, arroz e bife. Muito carinhoso, dá beijos e abraços nos pais o tempo todo. Lia, cheia de cuidados, pergunta a toda hora o que mais o filho quer.

Cansado da viagem de quase quatro horas e de uma festa na qual ficou até as 3 horas da madrugada deste sábado, Pedrinho vai dormir em seu quarto, com um de seus irmãos.

No meio da tarde, Pedrinho, o pai, os amigos e os primos se divertem no quintal da casa, onde há ampla varanda, um gramado, piscina e um pé de manga. Além de jogar tênis de mesa, truco e nadar, o adolescente faz o que mais gosta: bater uma pelada.

Entre uma partida e outra de futebol, Lia e Jayro deixam a casa para atender o imenso grupo de jornalistas à espera de uma declaração e imagem da família. Jayro, descalço e com a camisa suada do time do coração, o Fluminense, quase não consegue falar de tanto cansaço. Parece um menino em uma tarde com os melhores amigos.

— Olha, não passou nada pela minha cabeça. Só quis abraçá-lo — diz Jayro, com um sorriso largo.

— A gente queria conhecê-lo um pouco. E também falar da gente — completa Jayro.

— É só felicidade — afirma Lia, também sorrindo.

O casal não estende a conversa com a imprensa. Quer aproveitar cada segundo com o filho. Despede-se, fecha o portão e volta para casa.

Jayro, Lia e o filho conversam muito ao longo da tarde e do começo da noite. Os pais evitam falar nas acusações contra Vilma Martins. O garoto também não fala na mãe de criação.

Somente no fim da tarde, Pedrinho, Lia e Jayro apareceram juntos para a imprensa, com a condição de não haver perguntas. Segundo Jayro, o filho está assustado com o batalhão de repórteres de plantão em frente à casa dos pais. Ele e Lia também temem possíveis perguntas sobre Vilma e um constrangimento diante do filho. No entanto, sabe-se como jornalista é. Um bando deles juntos fica ainda mais difícil de segurar. Diante da insistência, Jayro fala do encontro.

— Estamos muito felizes, nós e ele. É um início de um momento novo.

Ao final da saraivada de *flashes* das câmeras fotográficas, Jayro pede um pouco de sossego.

— Precisamos ficar pelo menos algumas horas sem testemunhas. Peço a compreensão de vocês.

O pedido é quase inútil, pois quem manda não está ali de plantão. Fica na redação, à espera de boas imagens e de uma grande entrevista. De preferência, material exclusivo. Para muitos, custe o que custar.

Enquanto os colegas testemunham o retorno de Pedrinho a Brasília, vou logo cedo para a casa da família de criação dele, já sabendo da possibilidade da chegada dele à capital federal no início da tarde. As irmãs goianas fazem de tudo para minimizar a falta de contato do garoto com os pais biológicos. Afirmam que a ida do menino a Brasília havia sido acertada na segunda-feira. Segundo as irmãs de criação Christiane Michelle e Roberta Jamilly a decisão partiu do adolescente e teve o apoio da família.

Christiane garante que o pai biológico soube da ida dele, por telefone, logo após o depoimento de Lia à polícia, quando ela reconheceu ser Vilma Martins a sequestradora do seu filho. Ela conta ainda que Pedrinho e os amigos deixaram Goiás por volta das 9 horas, em um veículo da TV Goiânia, emissora afiliada à Rede Bandeirantes, acompanhados pelo jornalista Batista Pereira. Apresentador do programa policial *Chumbo Grosso*, ele é cunhado do advogado de Vilma, Ezízio Barbosa. Batista faz aquele tipo de apresentador que grita e cobra justiça na frente das câmeras, o jornalista indignado e durão que prega prisão perpétua e até pena de morte a quem comete crimes graves, como o sequestro.

18 – Domingão em família

Se o sábado foi de choro e até desmaio, o primeiro domingo de Pedrinho com a família biológica promete ser só de festa. Logo cedo a casa está repleta de parentes e amigos. Antes da chegada de todos, Jayro deixa a residência para comprar carne e carvão para um churrasco. Encontra o bando de jornalistas de plantão. O sorriso no canto da boca denuncia a felicidade do pai. Sem se incomodar com o assédio, ele fala aos repórteres que o filho se acostumará aos poucos com a casa e a família.

— Ele ainda não abre a geladeira, mas isso vai passar logo.

Sobre o momento festivo, ele o compara ao nascimento de uma criança.

— Quando um filho nasce os parentes vão ao hospital, depois visitam a criança em casa, fazem festa. É mais ou menos isso que está acontecendo agora.

Ainda pela manhã, com todos em casa acordados, Lia e Jayro colocam o filho para falar com os parentes de todo o país pelo telefone. Também fizeram questão de levar o adolescente a uma festa de família, o aniversário de um primo, no Condomínio Vivendas Colorado, em Sobradinho, na noite de sábado. Neste domingo Pedrinho não quer saber de sair. Nem seus pais. Todos curtem o típico almoço em família. O típico churrasco brasiliense de uma casa do Lago Norte na tarde de domingo.

Após a comilança, pai, filho, amigos e parentes batem bola, jogam pingue-pongue e assistem ao jogo do Corinthians pelo Campeonato Brasileiro. O time paulista é um dos clubes de Pedrinho. O outro é o Goiás. Por volta das 6 horas da tarde Pedrinho e os três amigos saem pelo portão dos fundos, fugindo da imprensa. Eles têm aula na manhã seguinte. Antes, fica acertado que o próximo encontro da família será na capital goiana, sem data marcada.

Já com o filho na estrada, Lia e Jayro saem pela porta da frente para mais uma vez atender os jornalistas de plantão. Lia agradece o carinho de vizinhos, amigos e pessoas desconhecidas que se comoveram com a história do casal. Teve gente que homenageou a família com flores e doces. Duas vizinhas adolescentes que queriam visitar Pedrinho não conseguem vê-lo por chegarem atrasadas. Deixam um bilhetinho e um chocolate para o garoto.

Na conversa com os jornalistas, o casal deixa claro que o fim de semana em que Pedrinho veio, pela primeira vez, visitar os pais biológicos foi de muita felicidade para toda a família.

— É um sonho que está realizado. Vê-lo acordar, preparar cachorro-quente para ele e jogar bola com meu filho foi a melhor coisa que poderia acontecer — diz o pai.

Jayro não esconde a decepção de não ter o menino em definitivo na sua casa.

— Fazer o quê, né? Espero que ele passe o Natal em Brasília com a gente.

19 – Cada vez mais enrolada

A semana começa com péssimas notícias para Vilma. Na manhã de segunda-feira circula a informação de que em breve ela será intimada a depor no processo sobre o sequestro de Pedrinho. A Justiça de Brasília acatou a denúncia do Ministério Público e a indiciou pelo crime. Há ainda a perspectiva de reabertura do inquérito sobre o sequestro de Aparecida Fernanda Ribeiro da Silva, com quarenta e oito horas de vida, em 4 de março de 1979, na Maternidade de Maio, em Goiânia. Vilma é suspeita do rapto. Roberta Jamilly, que ela criou como filha legítima, seria na verdade Aparecida Fernanda.

Para piorar a situação de Vilma, o advogado Ezízio Barbosa anuncia sua saída do caso Pedrinho. Não a defende mais. Em nota divulgada à imprensa ele presume que a mãe de criação de Pedrinho não tem condições financeiras para arcar com as despesas do processo e os honorários advocatícios. No comunicado, Barbosa afirma que o contrato de trabalho com Vilma estava encerrado havia bastante tempo. Argumenta que continuou no caso até domingo "por razões humanitárias". O advogado alega ter marcado duas reuniões com Vilma, às quais ela não compareceu. Por causa da dificuldade para encontrá-la, comunicou sua decisão de sair do caso por meio de carta, com cópia entregue à imprensa.

Também na segunda-feira ganho a companhia do colega Guilherme Goulart. O gaúcho de Porto Alegre, recém-contratado pelo *Correio Braziliense*, veio fazer a transição na cobertura. Passaremos alguns dias trabalhando juntos em Goiânia, para depois eu retornar a Brasília. Estou fora de casa há quase três semanas, trabalhando até dezoito horas por dia, sem um dia de descanso. A chefia não me quer fora da cobertura do caso Pedrinho, que tem levado o jornal a bater recordes de venda por dias seguidos. Também não quero sair. Trata-se da minha primeira grande cobertura. Estou empolgado, excitadíssimo, envolvido demais com a história e seus personagens. Para recuperar as energias preciso apenas de uns dias de descanso, de banho em meu chuveiro, dormir em minha cama e do carinho da minha mulher.

Enquanto a folga não vem, eu e o Guilherme vamos atrás de mais novidades. Quando todos pensam que a história está perto do fim, mais surpresas. Toma jeito de novela. Além do caso Pedrinho, temos que desvendar o mistério de Aparecida Fernanda. Confesso não acreditar na possibilidade de Vilma ser também a autora deste sequestro, penso que isto extrapola as raias do absurdo. O enredo do caso Pedrinho já é suficiente para uma série de reportagens, um livro. Dois bebês roubados por uma mesma mulher, com o mesmo propósito — arrumar um marido com muito dinheiro —, é impensável até para o mais criativo dos dramaturgos.

A polícia goiana também demonstra descrença quanto à culpabilidade de Vilma no desaparecimento de Aparecida Fernanda. Apesar de anunciar a intenção de reabrir o caso ocorrido em Goiânia, o delegado Antônio Gonçalves Pereira dos Santos, chefe da Delegacia Estadual de Investigações Criminais (Deic) de Goiás, não aparenta empolgação. Em entrevistas, fala em falta de provas, de elementos que levem à autoria do crime. No entanto, as datas não batem e são suficientes para intrigar qualquer investigador. Roberta Jamilly Martins Borges, filha caçula de Vilma, foi registrada como filha de Osvaldo Martins Borges, pai de criação de Pedrinho. Na certidão de nascimento consta que Roberta nasceu em Itaguari (GO), em 5 de março de 1981. Investigadores da Deic descobriram que ela tem outro registro, com os mesmos dia e mês de nascimento, porém de 1979 — um dia após o rapto de Aparecida. E, como eu já revelara por meio de reportagem publicada no *Correio Braziliense*, Osvaldo só viria a conhecer Vilma em 1985, quatro anos após o registro de nascimento de Roberta. Com a descoberta dos agentes, tornada pública na tarde de segunda-feira, começo a rever meu conceito de limite para o absurdo. O delegado do caso também muda de posição.

Antônio Gonçalves diz que deverá requisitar exame de DNA de Roberta. Além das incoerências nas datas, ele ficou intrigado após ver a filha caçula de Vilma na tevê.

— O rosto triangular, o nariz afilado e o formato das sobrancelhas são iguais aos de Aparecida, segundo informou sua mãe — comenta o chefe da Deic.

Para reforçar as suspeitas, há ainda o depoimento de Guiomar Martins Costa, irmã de Vilma, à Polícia do Distrito Federal. Ela afirmou que Roberta havia sido roubada e que a irmã não poderia ter filhos há mais de vinte anos por causa de uma laqueadura. O delegado goiano espera a chegada de documentos que comprovem a cirurgia, supostamente feita numa clínica do Rio de Janeiro, em 1974.

Inconformada, Roberta parte para o ataque. Ela garante ser filha biológica de Vilma e Jamal Rassi, rico industrial goiano. A jovem diz não ter sido registrada pelo casal por causa da relação conjugal.

— Meu pai mesmo é Osvaldo Borges, que me criou. Por isso pedi que me registrasse mais tarde (em 1997) — me disse ela em rápida entrevista na porta da sua casa.

No sábado ela afirmou que aceitaria fazer exame de DNA. Mas mudou de ideia na segunda-feira. Usou como pretexto a invasão de sua casa por uma jornalista de uma emissora de tevê.

— Estão querendo desestabilizar a minha família. Estou sendo vítima, assim como Pedrinho foi — logo em seguida ela afirmou que a mãe nunca fez operação de laqueadura.

A invasão a que Roberta se referiu ocorreu na tarde de sábado. Eu, o repórter fotográfico Edilson Rodrigues e um colega fotógrafo do jornal O *Popular*, de Goiânia, testemunhamos tudo. Estávamos de plantão em frente à casa de Vilma, do outro lado da rua, quando chegou uma *van* branca, sem qualquer identificação, da qual desceram um homem com uma câmera de tevê e uma mulher loura com um microfone. Sem a menor cerimônia, eles atravessaram o portão aberto, chamaram por Vilma e, diante do silêncio, tentaram abrir a porta da residência. Como a encontraram trancada, o homem colocou a câmera na janela. Nesse momento, Roberta Jamilly e a irmã Christiane Michelle abriram a porta. Aos gritos, mandaram os intrusos deixarem a casa. A dupla da tevê apontou o microfone e a câmera para as duas, em tom de provocação. Após ouvir algo — inaudível para nós, estarrecidos do outro lado da rua —, Christiane cuspiu na estranha. Assim que recuou até a calçada ela fez um gesto de positivo e soltou um "*yes*", como se a missão tivesse sido cumprida. Os invasores entraram na *van*, que saiu em alta velocidade. Roberta e Christiane retornaram à casa.

Quinze minutos depois Christiane reapareceu, chorando. Disse que queria falar conosco e pedir desculpas.

— Estamos muitos nervosos, sob pressão. Eu não deveria ter feito aquilo, cuspido na mulher. Isso vai prejudicar ainda mais a minha mãe.

De imediato, eu e os demais colegas de plantão a interrompemos. Dissemos que não deveria se desculpar por nada, pois a casa dela, uma propriedade privada, havia sido invadida. E mais, se quisesse entrar com uma ação contra a dupla de estranhos, seríamos sua testemunha. Lembramos que, mesmo em meio à *tsunami* que a família atravessava, nunca havíamos sido maltratados nos plantões na frente da residência dela. Também nunca havíamos desrespeitado o limite da calçada. Só atravessamos após ser convidados. Como Christiane temia, o estrago estava feito.

Na tarde do dia seguinte, enquanto Pedrinho passa o primeiro fim de semana com os pais biológicos, Vilma e suas filhas são notícia no programa de auditório *Domingo Legal*, comandado por Augusto Liberato, o Gugu, no SBT. É o auge da guerra pela audiência das tardes de domingo entre o SBT e a Globo, com o seu *Domingão do Faustão*. E, como numa guerra, vale quase tudo. Com um ar de drama e denúncia, Gugu começa seu programa com uma "reportagem exclusiva". Nela, a mesma mulher que havia invadido a casa de Pedrinho aparece entrevistando uma "denunciante", com o rosto coberto, dentro de uma *van* escura, em Goiânia. Sem ter a identidade revelada, a entrevistada faz uma grave acusação contra Vilma. Diz que, além de acusada de sequestrar dois bebês, ela também era autora de uma tentativa de assassinato. A vítima tinha sido a entrevistada, que não consegue explicar direito como e por que teria ocorrido o crime. Não detalha data, nomes, endereços.

Nada disso importa para Gugu, que ressalta a gravidade da "revelação" e chama a segunda "exclusiva" de sua produção sobre o caso Pedrinho. Em formato de reportagem, aparecem as cenas da dupla de estranhos tentando entrar na casa de Vilma até a cusparada de Christiane. A comemoração da repórter é excluída da edição. Também não há mais nenhuma informação sobre as investigações. Daí para frente, Gugu, sua produção e seus convidados se atêm à cena da cuspida, repetida à exaustão, em todas as velocidades de câmera. Vilma e suas filhas são julgadas e condenadas à revelia, em rede nacional, sob aplausos, xingamentos e muita histeria de uma plateia formada só por mulheres. Muitas delas, mães. Entre os inquisitores estão os maiores representantes da cultura musical goiana, os irmãos Zezé di Camargo e Luciano. Instigados por Gugu, eles fazem os papéis de psicólogos e comentaristas policiais e jurídicos. Entre outras coisas, pedem a imediata intervenção da Justiça para retirar Pedrinho daquele que julgam ser um lar não recomendável a qualquer adolescente.

20 – A mãe de Aparecida Fernanda

A segunda-feira termina com a polícia goiana alegando dificuldade para reabrir o processo do sequestro de Aparecida Fernanda Ribeiro da Silva, porque parte do material recolhido durante os vinte e três anos do caso não havia sido encontrada pela Deic. No inquérito há documentos importantes para a reabertura, como os depoimentos de testemunhas e o retrato falado da sequestradora da criança levada da Maternidade de Maio, em 4 de março de 1979. Um dia depois o delegado Antônio Gonçalves muda o discurso.

Na manhã de terça-feira a polícia goiana reabre o processo que investiga o sequestro de Aparecida Fernanda. O inquérito do caso continua desaparecido, mas uma cópia é encontrada em uma ação da família do bebê contra a Maternidade de Maio. A polícia quer saber se Roberta Jamilly Martins Borges, hoje com vinte e três anos, filha caçula de Vilma Martins, é a menina sequestrada em Goiânia.

Os agentes da Deic também encontraram o retrato falado da sequestradora de Aparecida, a certidão de nascimento e os registros de escola de Roberta. Os investigadores fazem a comparação entre uma foto de Maria Francisca Ribeiro da Silva, mãe de Aparecida, aos trinta anos, e uma atual de Roberta. A semelhança surpreende os policiais. Sabendo do desenrolar da investigação, vou atrás de dona Francisca, hoje com sessenta e três anos.

A mãe da menina sequestrada em Goiânia pede rapidez nas investigações e no exame de DNA. Em sua casa, no bairro Novo Horizonte, a pouco mais de um quilômetro do sobrado onde vive Roberta, Francisca diz com exclusividade ao *Correio* que receberá a filha de braços abertos. Mas espera uma prova cabal do paradeiro da filha roubada. Apesar da semelhança física percebida pelos policiais, Francisca afirma que Roberta não se parece com ela quando jovem e que prefere esperar o exame de DNA para se libertar de um peso carregado há vinte e três anos.

Aparentando tranquilidade, a dona de casa não guarda ressentimento da sequestradora de Aparecida. Não se lembra nem do rosto dela. Após vinte e três anos separada da filha acha pouco provável recuperar o tempo perdido.

— Se ela disser "eu sou sua filha, mas não quero saber de você", aí vou sossegar, aliviar meu coração, e ela vai viver a vida dela. Quero saber é se ela foi criada, se está bem.

Francisca mora em uma casa simples, de cinco cômodos. O piso é de cimento queimado. Não há laje. Seu quarto nem sequer tem porta. Nem sempre foi assim. Francisca levava uma vida de classe média alta até o sequestro da filha. A partir de então, tudo que ela e o marido, Sebastião Severino da Silva, ganhavam era consumido na busca da criança sequestrada.

— O meu marido e um cunhado dele investigavam o caso. Se alguém telefonava dizendo que uma menina parecendo a nossa filha tinha sido vista no Maranhão, eles pegavam o carro e iam até lá. Se diziam o mesmo no Sul, eles dirigiam para lá. Foi assim até o meu marido morrer. E acho que ele morreu de desgosto.

A polícia goiana, que até a descoberta do paradeiro de Pedrinho pela Polícia Civil do Distrito Federal pouco havia feito para descobrir o de Aparecida Fernanda, chegou a apontar o pai da menina como principal suspeito e acusado de ter vendido a menina para um morador de Redenção, no Pará. Sebastião só cessou a busca pela filha após ter um câncer, que o deixou internado por anos e o levou à morte em 1991. A doença consumiu o pouco que restava do dinheiro da família.

Vilma Martins contrata o advogado Max Lânio Silva Leão, de vinte e sete anos, para defendê-la das denúncias de sequestro qualificado e falsificação do registro de nascimento de Pedrinho, além do suposto rapto de Aparecida. Vilma diz ter dispensado Ezízio Barbosa porque ele teria pedido R$ 30 mil. No entanto, não revela quanto o novo advogado cobrará pela causa. Acuada, pela primeira vez ela me procura para uma entrevista. Alega não estar tendo chance de se defender de tantas acusações. Coloca-se no papel de vítima. Atendo prontamente ao pedido. Desta vez não haverá rodeios.

— Por que a senhora decidiu falar após quinze dias sem entrevistas?

— Quero paz. Minha vida está um inferno. Estou sendo julgada pela mídia e pelo povo.

— Até agora a senhora não mostrou nenhuma prova a seu favor.

— Eu tenho as provas. Mas não vou dizer a vocês.

— Como a senhora viu as declarações de Lia, que a reconheceu como a sequestradora?

— Uma mulher que teve o filho roubado dos braços e depois de quase dezessete anos descobre esse filho comigo, não tem outra coisa a falar. Ela é uma grande mãe. Uma pessoa que tem um grande amor no coração.

— Roberta é realmente sua filha?

— (risos) Isso já virou brincadeira. Ela é minha filha biológica.

— Quem é o pai?

— Só vou dizer isso em juízo.

Reaberto o inquérito do sequestro de Aparecida, começa a fase de depoimentos de testemunhas. O delegado Antônio Gonçalves mantém sigilo sobre os nomes e garante tratar-se de parentes de Vilma. Adianta que seis depoimentos serão tomados até sexta-feira, 29 de novembro. Na lista estão três filhas de Vilma: Roberta Jamilly, Christiane Michelle e Patrícia Helaine e a meio-irmã Guiomar Martins, que levantou as suspeitas sobre o caso. Vilma também vai depor.

Então surge mais uma acusação contra a empresária. Além de responder por estelionato, difamação e dano, Vilma Martins também foi acusada de tentativa de homicídio. Em 16 de maio de 1986, quatro meses após o sequestro de Pedrinho, Vilma perseguiu com um carro e atropelou Maria Alves dos Santos, à época com quarenta e cinco anos. A mulher ficou gravemente ferida, teve costelas quebradas e fraturas em outros ossos. As informações foram prestadas à Justiça pela própria vítima, que apontou como motivo para o crime o fato de um sobrinho levar uma das filhas de Vilma a um motel. Por falta de testemunhas, o caso foi arquivado. Aparentemente não se trata da mesma denunciante e do mesmo crime mostrados no programa do Gugu, no último domingo.

O novo advogado de Vilma desqualifica a denúncia dizendo não haver nos autos qualquer prova contra sua cliente. Ele se reúne com Vilma e Roberta na casa da família e as proíbe de falar com a imprensa, dizendo que só irão se manifestar em juízo.

— A partir de hoje assumo o papel de porta-voz total delas. O contato com a imprensa só se dará por intermédio de minha pessoa — afirma Max Lânio Silva Leão.

Não tardam a aparecer novas provas contra Vilma. Na quinta-feira a laqueadura de Vilma Martins é confirmada pelo seu ex-marido. Em entrevista ao jornal *O Popular*, de Goiânia, Carlos Soares da

Silva diz que a cirurgia de ligadura das trompas ocorreu em 1974, na Casa de Saúde de São Clemente, no Rio de Janeiro.

Carlos garante ter autorizado a operação, pois Vilma tinha menos de vinte e um anos e não podia responder por seus atos. Em 1979, conta Carlos, Vilma voltou a Salvador dizendo estar grávida e ter feito uma reversão da laqueadura em um hospital no interior de Goiânia. Ainda na entrevista ao diário goiano ele afirma que Carla Beatriz, Patrícia Helaine e Christiane Michelle são realmente filhas dele com a ex-mulher.

Em outra frente, Vilma recebe intimação para comparecer em juízo para dar explicações sobre o sequestro de Pedrinho e o registro falso do garoto. A juíza Lília Mônica Borges de Araújo, de Brasília, determina que a acusada preste depoimento às 8 horas da manhã de 12 de dezembro, na Vara de Precatórias de Goiânia. Os advogados de Vilma convocam uma coletiva de imprensa e apresentam a tese da defesa. A advogada Rosângela Magalhães afirma que as denúncias do Ministério Público do Distrito Federal não provam a autoria do sequestro. Apesar de os indícios apontarem Vilma como a sequestradora de Pedrinho, a acusada não admite o crime e insiste em dizer que o menino foi entregue ao falecido marido Osvaldo Borges por uma gari de Brasília. A defesa também alega erro na classificação do crime como sequestro. Sustenta ter havido subtração de incapaz, crime já prescrito. Em relação ao registro falso, Max Lânio afirma ainda não ter analisado os documentos.

Estou de volta a Brasília. Meu colega Guilherme Goulart assume o caso em Goiânia. A folga vai durar muito pouco, somente até domingo. Assim como a onda de acusações contra Vilma.

Enquanto isso, seis dias após passar o primeiro fim de semana com os pais biológicos, Pedrinho volta a Brasília. Desta vez, a passagem pela capital é rápida. A família almoça no Aeroporto Internacional Juscelino Kubitschek. De lá, Jayro e Pedrinho seguem para São Paulo, para assistir à partida entre Corinthians e Fluminense pelas semifinais do Campeonato Brasileiro. Lia fica em Brasília.

— Isso é programa de homem — brinca o tricolor Jayro.

Antes de embarcar, o garoto corintiano manifesta o desejo de conviver com as duas famílias.

21 – Contraditórios e comprometedores

Acaba a minha folga. Apesar de estar em Brasília, continuo na cobertura do caso Pedrinho. Diferentemente do esperado nas redações, o noticiário em Goiânia não esfria, mas o colega Guilherme Goulart também já está de volta à capital do país. Ambos recorremos ao velho e bom telefone. Por meio dele sabemos que a polícia goiana acredita estar na reta final das investigações sobre o sequestro de Aparecida. O empresário e fazendeiro goiano apontado por Vilma Martins como o pai biológico de Roberta, Jamal Rassi, presta depoimento na segunda-feira, mas o delegado Antônio Gonçalves não divulga seu teor.

— O que posso dizer é que a presença dele foi a mais importante do dia e será determinante para a elucidação do caso — diz o chefe da Deic.

Jamal e Vilma tiveram um relacionamento amoroso iniciado em 1979 e, segundo a mãe de criação de Pedrinho, Roberta seria fruto deste namoro. O detalhe, no entanto, é que a polícia suspeita de uma cirurgia de laqueadura feita por Vilma em 1974, no Rio de Janeiro, logo após o nascimento da terceira filha, Christiane Michelle, com o ex-marido Carlos Soares.

Em depoimento ao delegado titular da Deic, no domingo, Carlos alegou desconhecer a laqueadura da ex-mulher, apesar de, durante a semana, ter admitido à imprensa que ele próprio autorizou o procedimento.

— Ele chorou muito no depoimento e afirmou que se confundiu, pois não sabia a diferença entre cesariana e laqueadura — conta Antônio Gonçalves.

O irmão de Vilma, Sinfrônio Martins, diz à polícia ter lembranças de Vilma grávida de Roberta Jamilly. Ele informa que a irmã conheceu o fazendeiro quando ele trabalhava como peão de Jamal. O depoimento de Sinfrônio é considerado contraditório.

Além disso, duas enfermeiras da Maternidade de Maio complicam a vida de Vilma. Valdete Oliveira Guimarães e Almira Fernandes Assis garantiram ao delegado ter visto a moça responsável por levar Aparecida Fernanda, em 4 de março de 1979, com quarenta e oito horas de vida. Almira foi além e informou que a sequestradora, bonita, de cabelos longos e ondulados, com um lenço amarrado na cabeça e vestido azul, tinha traços parecidos com os de Vilma Martins.

Para esquentar ainda mais a história, Maria Francisca Ribeiro da Silva pisa em uma delegacia pela primeira vez desde que veio à tona a suspeita de Roberta Jamilly ser sua filha, roubada vinte e três anos antes. Ela vai à Deic na tarde de 4 de novembro, quarta-feira. Dona Francisca, como é mais conhecida, e a cunhada Maria Célia Lopes Severiano prestam longos e detalhados depoimentos ao delegado Antônio Gonçalves. À imprensa ele diz que as declarações de ambas reforçam a suspeita da polícia de que a menina sequestrada há mais de duas décadas é mesmo Roberta Jamilly. O depoimento de Francisca esclarece alguns pontos ainda obscuros do caso, destaca o delegado. Entre outras coisas, ela diz estar convicta de que Roberta Jamilly é realmente sua filha. Apesar de publicamente ainda tratar o assunto com cautela, a dona de casa chegou a essa conclusão após analisar fotografias recentes da moça. As imagens foram colocadas lado a lado com a ajuda de um programa de computador

— Ela não quer ter uma decepção, mas reconhece na menina a sua filha — afirma o titular da Deic.

Agora o delegado pretende ouvir Vilma. O depoimento dela está marcado para o início da próxima semana e poderá ser definitivo para o desfecho do inquérito do sequestro de Aparecida Fernanda. A intenção de Antônio Gonçalves é confrontar as informações de Vilma com as prestadas por Jamal Rassi e a comparação pode resultar no pedido de exame de DNA de Roberta Jamilly e Francisca.

Na capital federal o Ministério Público define os nomes das nove testemunhas de acusação a depor contra Vilma no processo sobre o sequestro de Pedrinho. Oito mulheres e um homem formam o grupo arrolado pela 15ª Promotoria de Justiça Criminal de Brasília. Os depoimentos somente serão marcados após a Justiça goiana interrogar a mãe de criação de Pedrinho, o que deve ocorrer na próxima semana.

Entre as testemunhas, duas são da própria família da empresária: a meia-irmã Guiomar e o irmão Sinfrônio. Este será ouvido por admitir ter guiado o carro que levou Vilma de Goiânia a Brasília e de volta à capital goiana. Ele poderá esclarecer a rota de fuga da empresária. Guiomar mora em Taguatinga, a segunda mais populosa cidade-satélite do Distrito Federal. Foi ela quem revelou à polícia a forma como Vilma sequestrou Pedrinho. Na versão de Guiomar, Vilma pagou o irmão para deixá-la em frente à maternidade e a esperar para voltar com o bebê dentro de uma sacola.

Duas pessoas devem ser ouvidas em Goiânia. Uma delas é a universitária Gabriela Azeredo Borges, neta do pai de criação de Pedrinho, que revelou ao SOS Criança o paradeiro do garoto. A avó dela, ex-mulher de Osvaldo Borges, Cleonísia de Oliveira Borges também deve depor. Três testemunhas arroladas pelo Ministério Público dizem ter visto Vilma em maternidades de Brasília antes do sequestro de Pedrinho. Eleni Therezinha de Luca, no Hospital Santa Lúcia; Lucinéia de Almeida Costa Souza, que esteve na Unimed em novembro de 1985, e Maria Eugênia Abreu, que acompanhava uma paciente em frente ao quarto de Pedrinho. Além da mãe biológica de Pedrinho, Lia, o Ministério Público ouvirá Juliana Amâncio da Luz, indiciada injustamente pelo sequestro do garoto em 1986.

22 – A farsa, segundo Vilma

Apesar da empolgação da polícia goiana na semana passada, as investigações sobre o caso Aparecida Fernanda se arrastam. Mesmo se dizendo convicta em relação à paternidade de Osvaldo Borges e Vilma Martins, Roberta Jamilly se recusa a doar material genético para exame de DNA.

Vilma, por sua vez, continua negando qualquer envolvimento nos sequestros. Em seu primeiro depoimento à Justiça, na tarde de 11 de dezembro de 2002, diante da juíza Lília Mônica Borges de Araújo, titular da Vara de Precatórias de Goiânia, ela nega as acusações feitas pela promotora Ana Cláudia Melo, do Ministério Público do Distrito Federal, no processo sobre o rapto de Pedrinho. E repete que o falecido marido Osvaldo Martins Borges recebeu o menino recém-nascido de uma gari de Brasília sem condições financeiras para criá-lo. Vilma driblou a imprensa e antecipou o depoimento, marcado para 12 de dezembro.

Nas duas horas de interrogatório, em Goiânia, Vilma também nega que tenha se submetido a uma cirurgia de laqueadura logo após o nascimento de Christiane Michelle, terceira filha do primeiro casamento com Carlos Soares da Silva. À imprensa, Carlos disse ter autorizado a operação em 1974.

Orientada pelos advogados, Vilma conta que um filho em comum sempre foi um sonho dela e de Osvaldo, morto em decorrência de um câncer, em outubro. Ela alega que Osvaldo já havia se separado de Cleonísia de Oliveira Borges, com quem teve cinco filhos, antes da chegada de Pedrinho. Durante o inquérito a primeira família de Osvaldo acusou Vilma de ter usado o garoto para forçar uma separação. Ele teria morrido acreditando que Pedrinho era seu filho legítimo.

Ainda perante a juíza, Vilma relata que após sofrer um quarto aborto, Osvaldo desesperou-se e pediu para ela manter as aparências e afirmar ainda estar grávida. Neste período os dois providenciaram o enxoval do bebê e procuraram crianças para adotar. Visitaram abrigos e creches em Goiânia. Em 25 de janeiro de 1986, Osvaldo pediu a Vilma para ela passar uns dias na casa da mãe, em Itaguari, pois uma senhora iria a Mara Rosa (GO) buscar a criança. Seria, então, o momento de forjar um nascimento. Nesta altura do depoimento, Vilma se atrapalha. Primeiro, informa à juíza que o ex-marido não sabia da origem da criança. Logo depois afirma que o bebê teria nascido em Mara Rosa. Por fim, reconhece que o garoto sequestrado era filho de uma gari de Brasília. Para os familiares ele foi apresentado como filho biológico do casal.

A mãe de criação de Pedrinho afirma também que não esteve em Brasília na data do sequestro do garoto, ao contrário do afirmado pelo seu irmão Sinfrônio, em depoimento na Delegacia de Homicídios do Distrito Federal. Ele admitiu ter trazido Vilma de carro em 21 de janeiro de 1986 e esperado no estacionamento do Hospital Santa Lúcia. Sinfrônio contou ainda ter voltado com Vilma a Goiânia com a criança no colo. Segundo Vilma, os dois estiveram na cidade apenas em 1994, para vender roupas.

Em tempo: a noventa quilômetros de Goiânia, Itaguari não tem mais que 5 mil moradores. Já com pouco mais de 10 mil habitantes, Mara Rosa fica próximo ao estado do Tocantins. Ela é mais conhecida por fortes e frequentes tremores de terra. Um deles destruiu boa parte das construções do município.

Após o depoimento da cliente, os advogados de Vilma têm até segunda-feira para apresentar a defesa. Na ocasião ela poderá indicar suas testemunhas. Depois a carta precatória enviada em 24 de novembro volta às mãos do juiz Cesar Laboissiere Loyola, da 8ª Vara Criminal de Brasília. A partir daí serão marcados os depoimentos das oito testemunhas escolhidas pela Justiça. Entre elas, a meia-irmã Guiomar, o irmão Sinfrônio e Maria Auxiliadora Braule Pinto, mãe biológica de Pedrinho.

Já sobre o caso Aparecida Fernanda, o delegado Antônio Gonçalves se diz obrigado prorrogar a data do fim do inquérito. Ele deveria ser encaminhado ao Ministério Público até sexta-feira próxima. O delegado ainda não recebeu resposta das cartas precatórias enviadas ao Rio de Janeiro e a Salvador. Na capital carioca, ele pretende descobrir se a Casa de Saúde São Clemente, onde Vilma teria se submetido a uma laqueadura, ainda está em funcionamento. Na Bahia, Gonçalves quer que seja ouvida Graça Menezes, atual mulher de Carlos Soares da Silva, ex-marido de Vilma.

Em meio aos trâmites burocráticos do Judiciário, os pais biológicos de Pedrinho recebem outra boa notícia. O menino anuncia que passará o Natal com a família de Brasília. Ele manda o recado a Lia e Jayro na tarde de 15 de dezembro, durante o programa *Domingo Legal*, do Gugu.

— Me esperem que estou indo passar o Natal aí e depois vamos viajar — promete o adolescente, ao vivo.

Principal atração do programa, por mais de meia hora Pedrinho responde a perguntas da produção, do auditório e de telespectadores. Fala de seu relacionamento com Vilma, Lia e Jayro.

— *Sinto eles* (Jayro e Lia) como amigos verdadeiros. Com a convivência, quero sentir um amor sincero, não um amor fabricado ou forçado pela imprensa.

Vale lembrar que o *Domingo Legal* é o mesmo programa que, semanas atrás, acabou com a reputação de Vilma e suas filhas, após uma delas ser filmada cuspindo em uma repórter enviada a Goiânia pela produção do Gugu. Corre o boato de que a mesma produção estaria pagando altos cachês a Vilma por um pacote de entrevistas exclusivas com ela e os filhos. Ninguém desmente.

23 – Passaportes falsos

Vilma segue impune. Uma das suas filhas, não. Em meio à expectativa do desenrolar do processo do sequestro do menino em Brasília e do inquérito sobre o rapto de Aparecida Fernanda, em Goiânia, a Justiça Federal de Goiás condena Christiane Michelle Martins da Silva, uma das irmãs adotivas de Pedrinho, a dois anos e quatro meses de prisão. Pena por ela ter usado três passaportes falsos para entrar na Espanha, de onde acabou expulsa duas vezes por "carência de meios lícitos de vida". Ela não corre o risco de ser presa porque teve a punição convertida para 850 horas de serviços comunitários. Ainda pode recorrer da sentença.

Para saber detalhes das expulsões e da condenação de Christiane Michelle vou ao prédio da Justiça Federal em Goiânia, onde está o processo que tramitou na 11ª Vara Federal. Iniciado em 1998, o processo contém as respostas que procuro.

A Polícia Federal descobriu que Christiane usou o registro de nascimento de Zélia Maria Elias de Souza, empregada doméstica de uma amiga, para tirar a carteira de identidade e o título de eleitor e obter o passaporte. A irmã de Pedrinho viajou em fevereiro e julho do mesmo ano à Espanha. Ela já havia sido expulsa anteriormente e não poderia entrar no país usando seu nome verdadeiro. Por ter perdido o passaporte em nome de Zélia, Christiane tirou um novo documento, também para viajar à Espanha. Desta vez usou o registro de nascimento, comprovante de votação e CPF de Lázara de Oliveira Barros para requerer o passaporte. Pouco depois Christiane teve a ajuda da amiga Elaine Nunes da Silva para obter outro passaporte.

No processo da 11ª Vara Federal de Goiânia também há um pedido de prisão preventiva contra Christiane, por ela ter faltado às audiências. Na época, a mãe dela, Vilma Martins, alegou que a filha estava grávida e morava na Espanha. A Justiça revogou a prisão pouco depois, sob a garantia de Christiane apresentar-se a um juiz. Ela cumpriu o acordo.

No depoimento prestado à Justiça Federal, em fevereiro de 2002, Christiane confirmou ter sido expulsa da Espanha uma vez e confessou que pediu a certidão de nascimento de Zélia para fazer um novo passaporte, pois não poderia retornar com seu nome verdadeiro. Outro documento anexado ao processo comprova que Christiane também foi expulsa do país usando passaporte em nome de Elaine Nunes da Silva. Expedido em maio de 1995 pelo responsável pela inspetoria da Direção-geral de Polícia do Ministério do Interior da Espanha, em Valladolid, Carlos Hernandez Espinosa, o documento sugere a expulsão da irmã adotiva de Pedrinho do país europeu. Então com o nome de Elaine, Christiane foi localizada no hotel Juana I de Castilla, durante inspeção periódica da Polícia Federal espanhola, em busca de imigrantes ilegais. O local, de acordo com o documento enviado pelo Ministério do Interior da Espanha à Polícia Federal brasileira, é um estabelecimento de prostituição. Nos anos 1990 e 2000 Goiás lidera a vergonhosa lista de maior exportador de prostitutas brasileiras para a Espanha.

Enquanto isso, no Paraná, a Polícia Civil do estado anuncia que vai sugerir à polícia goiana que investigue as circunstâncias do nascimento da filha mais velha de Vilma, Carla Beatriz Martins da Silva. O primeiro marido de Vilma, Carlos Soares da Silva, registrou Carla em 1972 em Curitiba, mas a menina teria nascido em São Paulo e estaria com dois anos na época. Vilma e Carlos teriam morado na capital paranaense por quase um ano, em 1972.

24 – Natal, *réveillon*, férias

Lia para Pedrinho, 18 de janeiro de 1998.

"Meu filho Pedrinho, mais uma vez tivemos nossas esperanças frustradas. Foi muito ruim. Fiquei triste demais e era véspera de Natal. Daqui a dois dias você estará fazendo doze anos. Fico feliz e triste ao mesmo tempo."

Lia para Pedrinho, 31 de dezembro de 2000.

"Querido Pedrinho, Feliz Ano 2001. Começo de um novo século. Pode ser que nos encontremos neste próximo ano. Beijos."

Lia para Pedrinho, 28 de abril de 2001.

"O Eduardo (um dos irmãos de Pedrinho) hoje está fazendo catorze anos. Está quase do meu tamanho. Vou fazer um lanche aqui em casa para a família. A saudade de você é mais intensa num dia como este, quando a família toda se reúne. Continuo com fé e otimista."

Lia para Pedrinho, 17 de maio de 2001.

"Sua mamãe de verdade faz quarenta e oito anos. Bem que poderia ser um dia mais feliz, mas é apenas um aniversário a mais sem você."

Lia para Pedrinho, 25 de dezembro de 2001.

"Estamos todos confiantes. Familiares e amigos participando e torcendo muito para nosso reencontro. Te amo. Do ano que vem não passará. Beijos. Mamãe."

Lia para Pedrinho, 19 de janeiro de 2002.

"Amanhã será um domingo de festa na sua casa temporária, junto da sua família, também temporária. Seus dezesseis anos. Olhe, preste bem atenção no que vou dizer: este será o último aniversário seu longe de mim, de sua família."

Noite de 25 de dezembro de 2002. Mais uma vez os Braule Pinto estão reunidos. A família está na casa de uma sobrinha de Lia, em Sobradinho. Após rezar um Pai-Nosso com os parentes, Lia pede para todos continuarem de mãos dadas no centro da sala. Ela não precisa mais de caneta e papel para expressar seu sentimento. Quer falar.

— Todo mundo sabe quanto este Natal é especial para a gente. Só temos muito a agradecer a Deus e às pessoas que acompanharam nosso sofrimento. O que conseguimos foi um verdadeiro milagre, um milagre imenso.

O milagre responde pelo nome de Pedro Rosalino Braule Pinto — ou Osvaldo Martins Borges Júnior, como registrado em um cartório de Goiânia. Desta vez, a ausência do filho nas festas de Natal não está registrada em um diário endereçado a Pedrinho pela mãe. Um mês e meio após reencontrar os pais, o garoto passa o seu primeiro Natal com a família biológica.

Pedrinho havia deixado Goiânia na manhã de 25 de dezembro, na companhia do pai, que saiu de Brasília só para buscá-lo. O adolescente havia passado a noite de Natal com Vilma e as irmãs de criação. Ele chegou à casa do Lago Norte pouco depois do meio-dia.

A mãe biológica, uma das tias e o irmão Eduardo o receberam com festa. Dez minutos depois, Pedrinho foi até a porta de casa e falou com jornalistas, que ao saberem da presença do adolescente foram em bando para o local. Como de praxe, ele economizou nas palavras. Disse apenas estar feliz por rever a família biológica.

— Vai ser bom. Vai tudo acontecer naturalmente. Deixa rolar — comentou ao lado da bicicleta que havia ganho de Natal dos pais biológicos.

Por volta da uma hora da tarde, toda a família saiu para almoçar na casa de uma das primas. Após o almoço, Pedrinho foi até a varanda da residência. Lá, abriu um baú de fotos antigas da família Braule Pinto e conheceu a história que não viveu. História que poderia ter sido a dele.

Pedrinho deve passar menos de um dia em Brasília. Na manhã seguinte ao Natal, ele, os pais, os irmãos e outros dez parentes saem de férias. A família alugou um ônibus e parte em direção às praias do Nordeste. Sem aulas há duas semanas, Pedrinho ajudou os pais a escolherem o destino: a praia de Porto de Galinhas, em Pernambuco. O ônibus alugado tem capacidade para vinte pessoas. A previsão é de que Pedrinho e a família durmam hoje na cidade de Feira de Santana, na Bahia, a 1.415 quilômetros de Brasília.

Amanhã eles seguem viagem até a praia pernambucana, onde devem chegar no início da noite. O ônibus será dirigido por um motorista contratado pelos Braule Pinto. A viagem deve durar duas semanas. Pedrinho vai passar o *réveillon* e o aniversário do pai (8 de janeiro) com a família. Lia gostaria que o filho estivesse com eles em 20 de janeiro, quando o garoto completa dezessete anos. Seria o primeiro aniversário dele ao lado dos pais.

Jayro conta ao colega Dante Accioly que o roteiro das férias pode ser alterado durante a viagem.

— Temos três casas em vista. Além de Porto de Galinhas, podemos ir para Fortaleza e Maragogi.

Pedrinho não se opõe à ideia.

— Para mim, qualquer lugar está bom.

Perguntado sobre o que conhece do Nordeste, o garoto responde sorrindo:

— Só a farinha de mandioca.

Jayro e Lia esbanjam felicidade.

— Esperei dezessete anos para conseguir dar o primeiro presente de Natal a meu filho — diz o pai.

— Quero desejar a todos os pais com crianças desaparecidas que acreditem e desejem ardentemente encontrar seus filhos. É preciso ter fé e muita força no coração — afirma Jayro.

A mãe do garoto agradece o apoio e as cartas recebidas nos quase dezessete anos de procura pelo filho sequestrado.

— Este milagre não foi possível só por causa de nossas orações. Mas por causa da oração de todo o povo brasileiro, que nunca deixou de rezar para a gente encontrar nosso filho.

Pedrinho esteve com a família pela última vez em 4 de dezembro, quando ele e Jayro foram a São Paulo assistir ao jogo entre Corinthians e Fluminense. Pedrinho não sabe quando volta a Brasília. Mas tem um plano para executar nos quinze dias de férias.

— Vou fazer meu pai virar corintiano.

Em Goiânia, Vilma alega que passará por cirurgia e falta ao depoimento marcado para 27 de dezembro, na Deic. A nova data para ouvir a ex-empresária no inquérito que apura se Roberta é mesmo filha dela ou se foi sequestrada, não está definida. Roberta se recusou a fazer o exame de DNA para comprovar a filiação.

O juiz da 8ª Vara Criminal de Brasília, Cesar Laboissiere Loyola, marca para 21 de fevereiro a audiência de instrução do caso Pedrinho, quando serão ouvidas oito testemunhas de defesa e oito de acusação. A carta precatória com o interrogatório de Vilma colhido em Goiânia já está em Brasília. O documento deve ser lido pelo juiz em 2 de fevereiro.

Último dia de 2002. Pedrinho está ao lado dos pais biológicos, em Porto de Galinhas, com cerca de vinte parentes. A festa de fim de ano está prevista para ocorrer na casa de um deles, no Recife. E a família já fala na próxima comemoração, em 8 de janeiro, aniversário de Jayro. O fim das férias de Pedrinho com a família biológica não tem data definida. Pela vontade de Lia e Jayro elas não terminariam nunca.

25 – Resistência ao exame de DNA

O caso Pedrinho sai do noticiário por duas semanas, até 15 de janeiro de 2003, quando Vilma Martins presta mais um depoimento. Dessa vez, na Deic, em Goiânia, sobre o sequestro de Aparecida Fernanda. Ela aparece na delegacia após faltar a duas convocações e mantém a versão. Volta a afirmar ser a mãe verdadeira da estudante Roberta Jamilly e garante que o pai é o fazendeiro goiano Jamal Rassi. De novo, não apresenta provas que confirmem suas declarações nem se dispõe a fazer um teste de DNA para eliminar qualquer dúvida. Vilma afirma que a decisão de não fazer o exame para comprovar a maternidade é da própria Roberta. A empresária também nega ter se submetido a uma cirurgia de laqueadura logo após o nascimento de Christiane Michelle.

Durante o depoimento de três horas, acompanhada por Christiane e pelo advogado da família, Vilma comenta as semelhanças entre Roberta Jamilly e Maria Francisca Ribeiro da Silva, a mãe de Aparecida Fernanda. O Instituto de Criminalística da Polícia Civil do Distrito Federal divulgou, dias atrás, um laudo técnico de comparação entre as duas, feito com base em fotografias, e apontou sete características semelhantes. Vilma reconhece algumas semelhanças entre Roberta e Francisca, mas considera normal algumas pessoas serem parecidas fisicamente, ainda que não tenham parentesco.

Mesmo com o improdutivo interrogatório da empresária, após a conclusão do trabalho da polícia do Distrito Federal e do depoimento de testemunhas a polícia de Goiânia tem convicção de que Roberta Jamilly não é filha de Vilma Martins Costa. O delegado Gonçalves considera o laudo técnico peça fundamental nas investigações. Ouvidas todas as testemunhas do caso, ele apresentará as conclusões do inquérito à Justiça.

Gonçalves e sua equipe reforçam suas suspeitas após o depoimento prestado pelo ginecologista e obstetra Jorge Gomes Filho, em 7 de fevereiro de 2003. Ele fez o pré-natal e o parto de Maria Francisca Ribeiro da Silva. Na Deic, o médico de sessenta e cinco anos confirma aos investigadores a suspeita de que o sequestro de Aparecida Fernanda foi tramado em seu consultório, onde o também médico Rubens Rodrigues Dantas, antigo proprietário do Hospital Paulo de Tarso, em Itaguari, se encontrava constantemente com Neusa Marques Machado, na época secretária de Jorge e namorada de Rubens. Neusa Machado nega as informações do ginecologista. Para a polícia não há mais dúvidas de que Roberta Jamilly é Aparecida Fernanda.

26 – A prova em uma ponta de cigarro

A timidez dos passos da dona de casa Maria Francisca Ribeiro da Silva ao chegar à Delegacia Estadual de Investigações Criminais na manhã de 12 de fevereiro de 2003 evidencia seu nervosismo. Ela desconfia de que a conversa com o delegado Antônio Gonçalves colocará fim em um sofrimento de quase vinte e quatro anos. Está certa.

Francisca ouve de Gonçalves que a sua Aparecida Fernanda Ribeiro da Silva está viva, chama-se Roberta Jamilly Martins Costa, registrada como filha de Vilma Martins Costa. Francisca chora.

— É muita felicidade. Parece que estou no ar, difícil dizer o que estou sentindo — comenta com o repórter Guilherme Goulart.

A prova da filiação é o resultado de um exame de DNA feito com amostras de sangue de Francisca e da saliva de Roberta. Ao divulgar o laudo à imprensa, feito pelo Instituto de Pesquisa de DNA Forense, em Brasília, o chefe da Deic é taxativo.

— As nossas suspeitas estão confirmadíssimas. Aparecida e Roberta são a mesma pessoa.

Francisca manifesta o desejo de falar com a filha. Mas prefere que a iniciativa parta de Roberta.

— Quero deixá-la à vontade. Espero que um dia ela me abrace de livre e espontânea vontade.

Antes de deixar a delegacia, a dona de casa classifica o crime como uma "monstruosidade" e cobra punição para Vilma, que registrou a menina como filha. O advogado da empresária, Max Lânio Silva, diz que Vilma e Roberta estão chocadas com o resultado.

Diante da resistência de Roberta, a equipe da Deic precisou ser criativa para colher o material genético necessário ao teste de DNA. O delegado Antônio Gonçalves e seus agentes perceberam que a jovem fumava muito e viram aí uma oportunidade. Ela foi convocada para um depoimento seis dias antes do desfecho do caso Aparecida vir à tona. Gonçalves não estava interessado nas palavras da interrogada, pois sabia que ela não teria nada a revelar, queria apenas a saliva de Roberta. Assim que a depoente deixou a sala de interrogatório, uma perita de Brasília entrou no recinto e colheu as pontas de cigarro deixadas pela garota criada por Vilma como filha legítima. Devidamente embalado, o material seguiu para o Instituto de Pesquisa de DNA Forense da Polícia Civil do Distrito Federal, o mesmo que fez o teste de Pedrinho e onde já estava a amostra de sangue de Francisca.

— Não há dúvida de que as duas são mãe e filha. Todas as informações genéticas se confirmaram no DNA — explica Gustavo de Carvalho Dalton, diretor do Instituto de Pesquisa de DNA Forense.

O teste realizado em Brasília será anexado ao inquérito que investiga o desaparecimento de Aparecida Fernanda, reaberto em novembro de 2002. Para o delegado Gonçalves, é mais um indício de que Vilma está envolvida no roubo do bebê.

No entanto, o método usado pelos agentes goianos abre polêmica sobre a legalidade da prova. Desde o início das investigações, Roberta se negou a fazer o teste. Antônio Gonçalves defende que o procedimento da polícia é legal, pois não houve invasão de privacidade.

Diferentemente do ocorrido com Lia, Jayro e Pedrinho e do que todos esperavam diante da resistência de Roberta, o reencontro dela com a mãe biológica acontece um dia após a divulgação do teste de DNA.

— Até que enfim eu te encontrei, minha filha — diz, em voz baixa, Francisca. Após breve silêncio, ela recebe um abraço da filha Aparecida Fernanda.

— A senhora está bem?

— Estou. E muito feliz.

— Eu já estive aqui mais cedo porque eu queria encontrar a senhora.

— É, até que enfim — responde Francisca, para em seguida dar outro longo abraço na filha.

O diálogo meio sem jeito e os abraços emocionados ocorrem na área de serviço de uma casa simples do Setor Novo Horizonte, no começo da tarde. A mãe, Maria Francisca Ribeiro da Silva, esperou vinte e quatro anos para reencontrar a filha roubada dos seus braços na maternidade.

Elas não conversam sobre o futuro. Roberta faz perguntas sobre o pai, Sebastião Severino da Silva, morto aos quarenta e cinco anos, em 1991, de câncer.

— Agora a gente vai se ver mais, ela pode vir aqui, passar o dia. Ela quer ver a fotografia do pai dela — conta.

Antes de ir embora, Roberta manifesta o desejo de um encontro entre a mãe e a mãe de criação, Vilma Martins Costa.

— Acho que é muito cedo. E na casa dela? Ainda não dá não, né? — reage Francisca.

O reencontro entre mãe e filha poderia ter ocorrido antes. Mais cedo, por volta das onze e meia, Roberta foi à casa da mãe, mas Francisca havia saído para dar entrevista a uma emissora de televisão. Acompanhada pela irmã Christiane Michelle e pela tia Rosimar Marcelino de Souza, Roberta esperou na casa de uma vizinha. Lá, assistiu pela tevê à entrevista da mãe e se emocionou quando ela disse que tinha esperança de colocar a filha no colo de novo. Roberta chegou a chorar.

Antes de visitar a mãe biológica, Roberta pediu a opinião do advogado Max Lânio Silva, que apoiou o reencontro.

— Não queremos criar atrito com ninguém, ainda mais depois do resultado do DNA — ressaltou o defensor de Vilma.

Max Lânio Silva contou que Vilma passou mal ao saber do resultado do teste, e desde então encontrava-se em uma clínica particular. O advogado não informou nome, endereço nem telefone da unidade de saúde.

O prazo para conclusão do inquérito sobre o sequestro de Aparecida Fernanda acaba em 28 de fevereiro, e o delegado Antônio Gonçalves vai pedir prorrogação, pois falta descobrir quem tirou a criança da maternidade. A polícia suspeita de um parente de Vilma e mantém o nome sob sigilo.

27 – Uma família sob suspeita

Após a revelação de que Osvaldo Júnior e Roberta Jamilly não são filhos biológicos de Vilma Martins, as outras três filhas dela estão dispostas a fazer exame de DNA. Carla Beatriz, Patrícia Helaine e Christiane Michelle foram orientadas a juntar recortes de jornais e documentos para que o delegado Antônio Gonçalves possa deferir o pedido de realização do exame no Instituto de Criminalística de Brasília.

— Se ficar comprovado que alguma delas ou todas elas não são filhas de Vilma, enviarei o resultado do teste ao departamento de polícia das cidades onde elas nasceram para que proceda a investigação — explica o titular da Deic.

Como Vilma, as três irmãs levam uma vida duvidosa. Christiane coleciona problemas com a Polícia Federal por causa das suas idas à Espanha. Quando tinha dezoito anos foi presa em um hotel que abrigava prostitutas e expulsa do país. Voltou três vezes, com passaportes falsos. No fim de 2002, foi condenada a cumprir pena alternativa em um hospital de Goiânia. Ela e o filho de dois anos moram com Vilma. Christiane diz que o menino nasceu do relacionamento com um espanhol e que ele esteve na capital goiana nos últimos três meses. Não revela o nome dele nem o local onde se hospedou.

Carla Beatriz conta que tem marido italiano e que o casal tem negócios na área de turismo, fora do Brasil.

— Fazemos eventos na Itália e temos um hotel em Cabo Verde, na África do Sul — diz, sem explicar o tipo de evento e o nome do hotel.

Carla também não revela o nome do marido. Afirma ter uma vida financeira estável, mas não explica por que a filha Ingrid, adolescente, é criada por Vilma, em Goiânia. Patrícia Helaine, segundo as irmãs e Vilma, é estudante universitária, mora na Bélgica e na Espanha. Ninguém informa o curso nem a faculdade.

As dúvidas a respeito dos pais das três mulheres surgiram das contradições nos depoimentos de Vilma e Carlos Soares à polícia de Goiás sobre o nascimento de Carla e Patrícia. As informações prestadas no inquérito do sequestro de Aparecida Fernanda Ribeiro da Silva, cujo exame de DNA provou ser Roberta Jamilly, não conferem com as certidões de nascimento lavradas no Cartório do Registro Civil da 3ª Zona de Curitiba.

Segundo as certidões, Carla nasceu no Hospital das Clínicas de São Paulo, em agosto de 1970. Quando depôs na Deic, em dezembro, Carlos Soares disse que a filha nasceu na Santa Casa de Presidente Prudente (SP). Vilma, em depoimento em 15 de janeiro, garantiu que o parto foi no Hospital Victor do Amaral, também em Presidente Prudente. Na cidade paulista não existe nem Santa Casa nem Hospital Victor do Amaral.

Também há divergências em relação a Patrícia. Segundo a certidão, ela nasceu em agosto de 1972 no Hospital Victor do Amaral, em Curitiba. Carlos disse que ela nasceu no Hospital e Maternidade Santa Lúcia, enquanto Vilma afirmou que foi no Hospital Cruz Vermelha, ambos na capital paranaense. Lá, não existe Hospital e Maternidade Santa Lúcia, e o Hospital Cruz Vermelha informou que não faz partos.

Com tantas novidades, sou mandado de volta a Goiânia, sem previsão de retorno a Brasília. Após saber da vontade das filhas de Vilma de fazer testes de DNA, tomo conhecimento da tentativa de reaproximação entre Roberta e Francisca. Duas semanas após a confirmação de que Roberta Jamilly é Aparecida Fernanda, mãe e filha almoçam juntas pela primeira vez, em um domingo.

— Minha filha, Deus te abençoe.

— Eu nunca recebi uma bênção assim.

De dentro do portão da casa de número 12, da quadra 15 do Setor Novo Horizonte, em Goiânia, Francisca abençoa a filha caçula, Aparecida Fernanda. A saudação marca o primeiro almoço de domingo reunindo os quatro filhos de Francisca.

O encontro de Aparecida com os irmãos Célia, de trinta e quatro anos; Gerrimar, de trinta e seis; e Francimar, de trinta e sete, é marcado pela ansiedade de Francisca. Até o começo da manhã ela não tinha certeza de que a filha mais nova almoçaria com a família.

— Ela estava nervosa. Acordou bem cedo para fazer o almoço. Disse que faria uma comida bem simples para mostrar à filha como ela é realmente — conta uma das vizinhas.

Desde que soube que Roberta Jamilly era Aparecida Fernanda, Francisca só havia visto a filha pessoalmente uma vez. Depois trocaram dois telefonemas, em que Roberta restringiu-se a desejar uma boa-noite para a mãe.

Roberta chega à casa de Francisca na hora combinada, ao meio-dia, acompanhada de dois amigos. Só ela desce do carro. Mostra descontração. Sorri ao encontrar a mãe. Logo ganha um abraço e entra na casa. Na sala, Roberta é cercada pelos irmãos, quatro sobrinhos, uma tia, um cunhado e uma cunhada. Todos se veem pela primeira vez. Antes do almoço, Roberta faz questão de folhear os álbuns de fotografia da família, da qual ficou distante por quase vinte e quatro anos.

O único ausente é o patriarca, Sebastião Severino da Silva, que morreu sem conhecer a filha caçula. Ele está presente por meio de uma fotografia, em um porta-retratos, na estante da sala apertada. Na foto, Sebastião batiza uma sobrinha, ao lado de Francisca, grávida de Aparecida.

Por volta do meio-dia e meia é servido o almoço. Sobre o fogão e a mesa da cozinha de teto baixo, sem laje, panelas e travessas com lasanha, frango assado, feijão-tropeiro, arroz e salada. Cardápio simples, como Francisca. Dos irmãos, Gerrimar é o único a dar entrevista.

— A gente fica mais feliz por saber que nossa mãe está feliz. A Roberta pareceu ser uma boa pessoa e demonstrou estar à vontade na nossa casa.

Do lado de fora, os vizinhos observam a movimentação. Alguns, que acompanharam a busca de Francisca pela filha caçula, choram ao presenciar o reencontro das duas.

28 – Pais ameaçados

Quando os Tapajós pensavam ter um pouco de sossego, novo problema. Surge a notícia de que agentes da 9ª Delegacia de Polícia, responsável pelo Lago Norte, investigam as intimidações recebidas por Cristina Braule Pinto, filha mais nova de Lia e Jayro. Na noite de uma sexta-feira, uma pessoa, que Cristina não sabe se homem ou mulher, ligou para o celular dela fazendo ameaças de morte à Lia, caso a família continuasse a se encontrar com o filho roubado havia dezessete anos.

Investigações preliminares revelam que a ligação partiu de um telefone público de Alto Paraíso, município goiano a 227 quilômetros de Brasília. De acordo com um delegado que participa das apurações, Cristina recebeu a segunda ameaça na manhã de 25 de fevereiro. A família Tapajós é orientada pela polícia a não falar sobre o caso.

As ameaças deixam a família preocupada. Tanto que Lia e Jayro antecipam o retorno da viagem a Goiânia, onde se encontraram com Pedrinho e Maria Francisca Ribeiro da Silva, mãe de Aparecida Fernanda, no fim de semana. O casal pretendia ficar até domingo na capital goiana.

Francisca também está com medo. Desde que reencontrou a filha caçula, há duas semanas, ela não quer ver Vilma nem na televisão. Segundo ela, desde então, Vilma tem rondado sua casa, no Setor Novo Horizonte.

— Ela passa até três vezes por dia na porta da minha casa. Deve estar querendo se aproximar da minha família. Mas aqui ela não pisa de jeito nenhum — avisa Francisca.

Os vizinhos se revezam, em frente à casa, em uma espécie de vigília para garantir a segurança de Francisca.

Ameaças à parte, Jayro e Lia intensificam o contato com o filho Pedrinho. Além dos telefonemas diários, o casal tem visto o filho regularmente.

— Já avisei a ele que não consigo ficar mais de duas semanas sem vê-lo. Por isso, quando não viemos aqui, ele vai a Brasília — diz Lia.

Além de matar a saudade do filho, seus pais vão à capital goiana para saber como ele está reagindo às investigações policiais sobre Vilma Martins. Lia e Jayro já conversam abertamente com Pedrinho sobre as investigações.

— Ele me disse que sabe de tudo. Mas não sabemos como as informações chegam até ele nem como são incorporadas. Isso nos preocupa — conta Lia.

Apesar de ouvir atentamente os conselhos dos pais, o garoto costuma ficar calado quando o assunto é Vilma. E o carinho entre eles não diminuiu.

— Hoje temos um relacionamento mais próximo. A fase da conquista foi vivida nas férias que passamos juntos. Mas ainda faço questão que ele durma no quarto da nossa casa, onde coloquei uns bichinhos do Digimon (desenho animado) — revela a mãe, para desespero de Pedro, não mais uma criança que assista ao Digimon.

29 – Mais suspeitas

Em Goiânia surge mais uma denúncia contra Vilma. Ela agora é acusada de falsificar duas procurações que lhe dão plenos poderes para tratar e defender todos os assuntos e direitos de Pedrinho e de Roberta. A mãe e os filhos de criação são convocados para depor em 24 de fevereiro na Delegacia Estadual de Investigações Criminais sobre a suposta fraude. A empresária ainda será ouvida no inquérito a respeito do roubo de Aparecida Fernanda.

O delegado Antônio Gonçalves marcou o depoimento de Roberta para as 9 horas da manhã e o de Pedrinho para as 2 horas da tarde. Os dois serão ouvidos apenas a respeito de duas procurações falsas que davam amplos poderes a Vilma sobre eles, fraude descoberta em 24 de janeiro, quando ela tentava fazer um seguro de vida para os filhos. Os agentes da Deic identificaram quem teria falsificado os documentos a mando de Vilma. Essa pessoa foi à delegacia com advogado, há dez dias, e confessou a fraude.

Com apenas um telefonema e uma crise de choro Vilma consegue se livrar do depoimento na Deic. Às 4 horas, horário previsto para o depoimento, a advogada de Vilma, Rosângela Magalhães, chega sozinha à delegacia e informa ao delegado Antônio Gonçalves que sua cliente está com pressão alta e sem condições de ir ao encontro dele. No mesmo momento Gonçalves liga para a casa de Vilma.

— Falei pessoalmente com ela, que disse estar passando muito mal e chorou bastante — conta o delegado, mais tarde, à imprensa.

Gonçalves diz que chegou a colocar à disposição da acusada uma ambulância com médico para buscá-la em casa e levá-la à Deic. Ela recusou. Sem um atestado médico, com base apenas nas palavras de Vilma e da advogada, Gonçalves aceita remarcar o depoimento para as 9 horas da manhã do dia seguinte.

— Tenho certeza que ela virá — afirma o delegado, que disse o mesmo dias antes.

Apesar de já ter faltado a outros três depoimentos na Deic, Vilma consegue cancelar também a ida de Pedrinho e Roberta Jamilly. Gonçalves remarca os depoimentos deles para o mesmo horário do interrogatório de Vilma.

No caso das procurações, ela já tem uma defesa pronta. Alega que mandou fazer os documentos por meio de uma amiga e ex-funcionária da marcenaria da qual era dona, mas que só teve conhecimento de que eram falsos após ler reportagem em um jornal goiano. Segundo Vilma, as procurações foram falsificadas por Márcio, que a polícia descobriu se chamar Victor Rotoli. Ele trabalha como digitador em Goiânia. Gonçalves confirma que já ouviu o falsificador e que ele confessou o crime, apontando como mandante Dinah Maria da Silva, a amiga e ex-funcionária de Vilma. Dinah foi presa no mês passado, acusada de integrar uma quadrilha de estelionatários. Pagou fiança e conseguiu a liberdade. No entanto, responde a processo.

A comprovação de que Vilma Martins sequestrou duas crianças e as criou como se fossem dela levanta novas suspeitas contra a empresária. A revendedora Maria de Fátima Magalhães Pires suspeita de que Christiane Michelle seja sua filha Leucilene Ferreira Pires, dada como morta em maio de 1974.

A história contada por Maria de Fátima, em 25 de fevereiro, ao delegado-chefe da Deic é ainda mais espantosa do que as de Pedrinho e Roberta Jamilly, que Vilma jurava serem seus filhos biológicos.

Maria de Fátima disse que sua filha não aparentava qualquer problema de saúde até o primeiro mês de vida, quando os médicos detectaram uma meningite. A menina morreu com quarenta dias. Maria de Fátima e a família estranharam a doença e dizem não ter visto o bebê morto no hospital ou no Instituto Médico Legal de Goiânia. Eles ficaram mais surpresos ainda com o corpo da criança no caixão, durante o velório.

— Minha filha tinha a pele morena e bastante cabelo. A criança naquele caixão era clara e possuía pouquíssimos cabelos — relatou Maria de Fátima.

Por meio das reportagens sobre os crimes envolvendo Vilma, ela e alguns parentes viram semelhanças entre Patrícia, filha mais velha da revendedora, e Christiane Michelle, que Vilma garante ser sua filha legítima. Maria de Fátima entregou a Gonçalves uma foto de Patrícia para que seja feita a comparação com Christiane. No entanto, o delegado não vê indícios para abrir inquérito policial, pelo menos por enquanto.

Antônio Gonçalves decide convocar para novo depoimento a enfermeira aposentada Almira Fernandes de Assis, única pessoa a ver de frente a mulher que na tarde de 4 de março de 1979 tirou Aparecida Fernanda da maternidade. Almira afirma que Rosimar Marcelino, a Rosa, irmã de Vilma, se assemelha muito à mulher que roubou o bebê.

— Os traços são muito parecidos e o olhar, que nunca vou esquecer, é o mesmo — diz a enfermeira por telefone, ao *Correio Braziliense*.

Rosa nega o sequestro.

— Eu tinha quinze ou dezesseis anos na época do crime. A mulher que sequestrou a criança aparentava ter trinta anos, segundo a própria Almira, em depoimento à polícia.

A suspeita já havia sido levantada em depoimento de outra irmã de Vilma, Guiomar Costa, à polícia de Brasília, em dezembro.

30 — O *show* de Vilma

Vilma Martins volta a se colocar no papel de vítima. Ao chegar para depor no inquérito do sequestro de Aparecida Fernanda, na manhã de 26 de fevereiro, ela diz se sentir mal e é carregada por dois policiais até o prédio da Deic. Lá dentro, recupera-se rapidamente.

Das 9h45 às 12h40 Vilma conta suas histórias gesticulando bastante, e até dá risadas. Ela só volta a passar mal quando sai da sala de interrogatório e reencontra a imprensa. Como na chegada, não diz nenhuma palavra. Apenas fecha os olhos e desaba.

Suspeita de ser a sequestradora ou mandante do crime, no depoimento Vilma insinua que a criança, batizada de Roberta Jamilly, foi trocada no hospital. Nas três horas, conta aos policiais que a filha nasceu prematura e foi mandada para o Hospital da Criança, em Goiânia, logo após nascer. Relata ainda que ficou cinco dias internada para se recuperar da cesariana, sem poder ver o bebê.

— Nem eu e nem nenhum cidadão brasileiro acredita nessa hipótese — afirma o delegado Antônio Gonçalves Pereira dos Santos, da Deic.

Hospitais nos quais Vilma afirma ter feito o pré-natal e internado a filha recém-nascida desmentem o depoimento. Em carta enviada a Gonçalves em 24 de janeiro, o diretor-técnico do Hospital da Criança, José Eduardo Pereira Alvim de Souza, informa não haver registro da internação de recém-nascido com o nome de Roberta Jamilly entre 5 e 10 de março de 1979.

Em ofício encaminhado à Deic, também em 24 de janeiro, o diretor do Hospital Maria Auxiliadora, Gil Teodoro Rodrigues, garante que nos arquivos da instituição não existe registro de exames pré-natais realizados por Vilma Martins Costa.

Vilma sustenta que a filha é do industrial goiano Jamal Rassi. No depoimento, conta que em fevereiro de 1979 brigou com Jamal após encontrá-lo com outra mulher em uma casa noturna chamada Beco, em Goiânia, e foi para Itaguari, onde chegou muito nervosa e foi atendida pelo amigo e médico Rubens Dantas, que decidiu interná-la no hospital.

Após ouvir Vilma, Gonçalves conseguiu convencê-la a colher sangue para um possível exame de DNA que deve esclarecer a situação das três mulheres que ela cria como filhas biológicas. O material foi colhido pela perita Rejane Silva Sena Barcelos, a mesma que instruiu Gonçalves a pegar uma guimba de cigarro fumado por Roberta Jamilly na delegacia para o exame de DNA.

— Agora só falta as outras três doarem sangue, como haviam prometido, para fazermos o teste de DNA — diz Gonçalves.

O empresário Jamal Rassi, que entrou na Justiça com ação de negação de paternidade contra Vilma e Roberta, também será submetido ao teste. Terá o sangue colhido no dia 5, em Goiânia, por um professor de genética da Universidade Federal de Uberlândia.

Vilma também depôs sobre as procurações falsas que lhe davam amplos poderes para cuidar de assuntos de Roberta e Pedrinho. Vilma disse que não sabia que as procurações eram falsas. Roberta Jamilly prestou depoimento depois de Vilma e afirmou que não assinou nenhuma procuração. Pedrinho deve ser ouvido na tarde de 27 de fevereiro, na Deic.

Suspeita de ser a mulher que sequestrou Aparecida Fernanda, a irmã de Vilma, Rosimar Marcelino, também tem depoimento marcado para o dia 27. A enfermeira aposentada Almira Fernandes Assis, única pessoa que teve contato com a sequestradora, será intimada a depor. Ela afirmou a um jornal goiano que Vilma e Rosimar são muito parecidas, e que uma das duas seria a sequestradora.

— Chegaram a me apontar como suspeita. Eu argumentei apenas que já não estava dando conta de sustentar quatro filhos e não teria motivo para arrumar mais um — contou Almira.

Vilma ainda não sabe, mas ela deixou a Deic indiciada. A decisão do delegado Antônio Gonçalves é tornada pública no dia seguinte aos depoimentos da empresária, de Roberta e de Pedrinho. Dessa vez, ela vai responder a processo pela falsificação de duas procurações em que os filhos de criação lhe davam amplos poderes para movimentar dinheiro. Os dois jovens complicaram de vez a situação da empresária.

Em depoimento de meia hora, Pedrinho negou ter assinado procuração para Vilma. Roberta disse o mesmo.

— Os dois nos ajudaram a esclarecer toda a história. A Vilma será indiciada pela fraude. Devo concluir o inquérito no primeiro dia útil depois do carnaval — afirma Gonçalves.

Pedrinho contou ao delegado que, ao chegar de viagem pelo Nordeste com os pais biológicos, em 20 de janeiro, Vilma pediu para ele e Roberta irem ao 1º Cartório de Notas e Registros Civis da Vila Brasília, em Aparecida de Goiânia. A procuração serviria para Vilma sacar um seguro de R$ 13 mil, deixado por Osvaldo Borges, que registrou o menino como filho e morreu em outubro do ano passado.

Pedrinho contou na delegacia que uma funcionária do cartório informou que não poderiam emitir as procurações porque o garoto tinha menos de dezoito anos. Na mesma hora, segundo o depoimento de Pedrinho, o tabelião Brasilmar Queiroz Brasil disse aos dois que havia descoberto duas procurações falsas em nome deles, dando amplos poderes à Vilma Martins. O garoto disse que ele e Roberta voltaram para casa e pediram explicações a Vilma. Ela garantiu que a fraude foi montada por Dinah, sua amiga e ex-funcionária, sem seu consentimento. Roberta relatou que a mãe de criação disse apenas que estava com a cabeça quente e não queria falar sobre o assunto naquele momento.

O digitador Victor Rotoli havia confessado a falsificação dos documentos havia cerca de dez dias. Ele contou a Gonçalves que Dinah Maria da Silva lhe pediu para falsificar as procurações dando amplos poderes para Vilma fazer qualquer tipo de transação em nome de Osvaldo Júnior e Roberta. E disse que não recebeu pelo serviço.

Dinah afirmou à polícia que Vilma a procurou no início de janeiro para fazer as procurações, alegando que precisava receber o seguro de R$ 26 mil feito por Osvaldo Borges em nome dela e de Osvaldo Júnior, o Pedrinho. O benefício seria pago em duas parcelas de R$ 13 mil. A procuração de Roberta seria para movimentar uma conta em nome da estudante. Ao depor na Deic, Vilma disse não saber que as procurações eram fraudulentas.

Rosimar Marcelino, a Rosa, também complicou a irmã. Ao contrário do que insinuou Vilma em depoimento à polícia goiana, Rosa disse ao delegado Antônio Gonçalves que não há possibilidade de a irmã ter sido vítima de uma troca de bebês em um hospital de Itaguari, em março de 1979. Em seu depoimento, Rosa disse que chegou ao Hospital Paulo de Tarso e já encontrou Vilma com uma menina recém-nascida. Ela afirmou ter visto Vilma grávida por um longo período. Mas garantiu que naquele hospital Vilma era a única pessoa internada com bebê. A mesma informação já havia sido dada a Antônio Gonçalves pela direção do hospital. As declarações de Rosa reforçaram a convicção do delegado de que Vilma mentiu.

Ele também descartou a hipótese de Rosa ser a mulher que roubou Aparecida Fernanda e a levou para Vilma, em Itaguari.

— A Rosa tinha apenas dezesseis anos. A enfermeira que viu a sequestradora conta que ela aparentava ter trinta anos — explica Antônio Gonçalves.

Almira será chamada para novo depoimento. Antônio Gonçalves decidirá ainda se vai pedir à Justiça goiana mais prazo para concluir o inquérito sobre o roubo de Aparecida Fernanda. Ele pretende ouvir pelo menos mais duas testemunhas, nomes que mantém em sigilo.

Investigada pelo sequestro de dois recém-nascidos e por falsificação de documentos, Vilma Martins começa a ser abandonada pelos filhos. A família que ela construiu de forma nebulosa começa a se desfazer. A filha mais velha, Carla Beatriz Martins e a neta Ingrid Martins são as primeiras a deixá-la. As duas deixam o sobrado onde Vilma mora. Pedrinho pode ser o próximo.

Carla Beatriz aluga um *flat* para ficar com a filha Ingrid e pretende levar a menina, criada por Vilma desde o nascimento, para a Itália, onde mora. Carla veio para o Brasil há cerca de um mês, por causa das acusações contra a mãe.

— Não tenho paz. O assédio é muito grande. Além da imprensa, é um entra e sai na casa da minha mãe. Gente que nunca vi antes. Preciso descansar. Também me preocupo com a minha filha, ela precisa de tranquilidade para estudar — ouço o desabafo de Carla em uma amistosa conversa ao telefone.

Outro que está prestes a deixar Vilma é Pedrinho. Na manhã de 3 de março ele embarca em uma avião rumo a Fortaleza onde vai passar o carnaval com um primo brasiliense. Quando retornar a Goiânia, Pedrinho pode ir para um apartamento, que será alugado pelos pais biológicos. Jayro me revela que a mudança do filho foi cogitada numa conversa que tiveram com ele no último fim de semana.

— Não é uma coisa certa. O assunto surgiu quando conversávamos sobre o futuro dele. Que jovem não quer morar sozinho?

Pedrinho não nega nem confirma sua intenção de deixar a casa da mulher que o criou como filho legítimo. Carla Beatriz diz que o irmão de criação já comunicou à empresária sua mudança, acertada para depois do carnaval.

Vilma Martins decide passar o feriado em uma chácara, nas redondezas de Goiânia, sem a companhia dos filhos. Roberta Jamilly e Christiane Michelle estão no Rio de Janeiro. Patrícia Helaine seguiu mais uma vez para a Europa, onde mora.

Carla Beatriz reclama que o clima na casa de Vilma piorou desde que a polícia goiana revelou que Roberta Jamilly também não é filha da empresária. Apesar de ter abandonado Vilma, Carla acredita na inocência dela, culpa a imprensa pela destruição de sua família e não acredita que Pedrinho e Roberta foram sequestrados por Vilma.

Pedrinho e Roberta compartilham um drama. Os dois foram raptados quando eram recém-nascidos, criados como irmãos e cresceram acreditando que Vilma Martins Costa fosse sua verdadeira mãe. Depois de testes de DNA, a identidade deles se duplicou. Até então com o registro de Osvaldo Martins Borges Júnior, o menino soube que também se chamava Pedro Rosalino Braule Pinto. E Roberta Jamilly soube ser Aparecida Fernanda Ribeiro da Silva.

Além dos nomes diferentes, as duas certidões de nascimento lhes dão duas filiações, quatro pais. A situação é complicada. Júnior, como Pedrinho prefere ser chamado, e Roberta se conhecem por esses nomes e durante toda a vida foram assim identificados por amigos, professores e parentes de criação. Qualquer mudança só pode ser discutida na Justiça. E a anulação dos registros falsos varia de acordo com a idade dos interessados. Como Pedrinho ainda tem menos de dezoito anos, a mudança depende exclusivamente de decisão judicial. E deve ser provocada por uma das famílias, pelo Ministério Público ou pelo próprio garoto.

Os pais biológicos Jayro Tapajós Braule Pinto e Maria Auxiliadora Rosalino Braule Pinto registraram Pedrinho no 2º Ofício de Registro Civil do Distrito Federal em 23 de janeiro de 1986. Dois meses depois o bebê sequestrado ganhou uma segunda certidão. Dessa vez, com o nome de Osvaldo Martins Borges Júnior, no 1º Cartório de Registro Civil de Goiânia. O documento traz como pais biológicos: Osvaldo Borges e Vilma Martins Costa. Jayro e Lia preferem não se manifestar publicamente sobre o assunto.

— O nome dele é o menos importante para nós. Ele gosta de ser chamado de Júnior. Eu o chamo de "meu filho" — comenta Jayro.

No caso de Roberta Jamilly, a situação é diferente. Como tem mais de dezoito anos, a troca de nomes ou o pedido de anulação de um dos registros deve partir dela. Segundo o advogado da família Martins Costa, Max Lânio Silva Leão, a estudante nunca manifestou o desejo de trocar de nome.

— Nós já conversamos sobre isso e ela entendeu que sua vontade deve prevalecer. No caso, de manter a certidão de nascimento feita pela Vilma — afirma o defensor.

31 – De bem com a vida

Assim como na época em que conseguiu a vaga de repórter *freelancer*, o *Correio Braziliense* passa por uma reforma gráfica e editorial. O jornal vai ganhar editorias, também deve mudar a sequência da distribuição de assuntos ao longo de suas páginas, e uma nova cara, identidade, um novo *design*. Para marcá-lo, todo repórter é instigado a trazer reportagens de peso para a edição de estreia do novo projeto, em 6 de abril de 2003, um domingo, a edição mais nobre de qualquer jornal, aquela que os leitores mais leem, por terem mais tempo. A que mais vende.

Sugiro duas pautas. Uma, sobre a pré-história do Distrito Federal. Em Brasília e nas cidades goianas vizinhas há cavernas milenares, algumas com pinturas rupestres. Arqueólogos de todo o país já fizeram muitas escavações na região e encontraram fósseis de animais e dos primeiros habitantes do Planalto Central. Uma gente que chegou a essas bandas muito antes dos candangos que construíram a nova capital do país. Uma história desconhecida da maioria dos brasilienses e dos brasileiros.

A outra pauta que sugiro é uma entrevista com Pedrinho. É uma sugestão, não há nada certo. Avesso a entrevistas, nas poucas vezes que aceitou conversar com um jornalista o garoto pouco falou, foi quase monossilábico. A mim mesmo afirmou não ter simpatia por jornalista. Vê todos como inimigos da sua família de criação. Mas não custa nada tentar. O máximo que posso ouvir é mais um não.

Surpreendentemente, Pedrinho aceita conceder a tal entrevista. E fala muito, mesmo doente. Pela primeira vez, desde a comprovação, por exame de DNA, de que ele é o filho caçula do casal Jayro Tapajós e Maria Auxiliadora Braule Pinto, o garoto comenta com um jornalista sobre o seu relacionamento com os pais biológicos, os seus planos e as acusações contra Vilma.

Pedrinho revela que deve deixar a mãe de criação no fim do ano. O destino dele pode ser Brasília, onde foi roubado na maternidade, em janeiro de 1986, no primeiro dia de vida. O futuro endereço depende do desempenho escolar. Ele prestará vestibular para o curso de direito em faculdades de Goiânia e Brasília. Se passar, morará sozinho em apartamento a ser alugado pelos pais biológicos, ou com amigos, em uma república de estudantes.

A entrevista com Pedrinho é feita em duas ocasiões, na noite de quarta-feira e na tarde de quinta. De cama por causa de uma inflamação na garganta, que provoca febre, ele prefere conversar por meio de seu telefone celular, presente do pai. Antes de publicar a entrevista volto a telefonar para o garoto, na sexta-feira, só para saber como ele está de saúde. Diz se sentir melhor, após ter tomado duas injeções. Aluno do terceiro ano do ensino médio, Pedrinho faltou às aulas nos dias em que esteve doente, mas garante que tem estudado bastante.

— Tenho aula de segunda a sábado. Pela manhã, das 7h30 à 12h30. Na terça e na quinta tenho aulas à tarde também — conta.

Os estudos não lhe tomam todo o tempo. Ele continua jogando futebol com os amigos toda segunda e quinta-feira. Não perde os jogos do Goiás no estádio Serra Dourada. Também não deixou de frequentar as festinhas da turma de colégio, quando costuma "ficar" com alguma menina. Jura que não tem namorada, por "falta de tempo e paciência". A relação com os pais biológicos é cada vez mais estreita. Vem a Brasília regularmente.

Também está cada vez mais íntimo dos irmãos brasilienses — Cláudia, Kiki e Dudu — e convive com outros familiares, como o primo Renato, de trinta e dois anos, sobrinho de Lia. Os dois viajaram juntos durante o carnaval. Passaram uma semana em Fortaleza.

— O que mais me impressionou foi a maturidade dele — me conta Renato, em uma conversa por telefone antes da publicação da entrevista com o primo.

Também telefono para os pais, para saber desse momento de aproximação com o filho. Lia não esconde a felicidade.

— Ele se sente bem à vontade em casa. Quando chega, joga a mochila no quarto, abre a geladeira. Ele deita na minha cama, briga pelo controle remoto da televisão com os irmãos.

Pedrinho diz tratar Jayro e Lia como pais e que assim os chama.

— O Jayro ele realmente chama de pai o tempo inteiro. Já no meu caso, não me chama de mãe diretamente. Deixou escapulir isso duas ou três vezes — observa Lia.

O que mais incomoda a mãe de Pedrinho é que o garoto, segundo ela, não extravasa seus sentimentos.

— Ele mesmo me disse que só chorou uma vez, quando o pai morreu (Osvaldo Borges, o pai de criação). Nisso ele se parece muito com o Jayro.

Pedrinho realmente não se expõe, principalmente em frente às câmeras e aos microfones e gravadores dos repórteres. Sempre demonstrou equilíbrio e discrição. Mede as palavras e evita polêmica. Já na entrevista ao *Correio* responde a questões sobre as quais nunca havia emitido opinião. Só ficou em silêncio ao ser perguntado sobre a inocência de Vilma. O bate-papo com Pedrinho sai na capa do caderno de Cidades, espaço geralmente reservado a reportagens mais fortes, como denúncias, graves acidentes.

Na mesma edição, nas duas páginas centrais, é publicada a reportagem sobre a pré-história do Distrito Federal, com uma bela ilustração mostrando os primeiros habitantes de Brasília e arredores, índios nômades que viviam em cavernas, da coleta de frutas e da caça. Seguem os melhores trechos da entrevista com o garoto, sempre econômico nas palavras:

— Você pretende sair de casa?

— Isso vai depender do vestibular.

— E onde você vai prestar vestibular?

— Aqui em Goiânia e nas faculdades aí de Brasília, como a UnB e o UniCeub.

— Você vai morar com quem, se for aprovado?

— Com amigos, em uma república.

— Você continua morando com Vilma. Como está o ambiente em casa depois das acusações contra ela? Conversam sobre isso?

— O ambiente é bom. A pressão da imprensa diminuiu. Hoje moramos juntos, aqui em casa, eu, minha mãe (Vilma) e a Roberta. Falamos sobre tudo.

— E sobre esses assuntos, você conversa também com a Lia e o Jayro?

— Converso sim.

— Você tem mágoa dessa história?

— Nenhuma. Prefiro a verdade.

— Nem da Vilma, que é acusada de ter sequestrado você e a Roberta?

— Não. Continuo gostando dela do mesmo jeito.

— Você acredita que ela seja inocente?

— (Silêncio...)

— Nas primeiras vezes em Brasília você ficou recluso na casa dos pais. Já tem passeado na cidade?

— Tenho saído bastante. Já fui a boates, ao Park Shopping ver filme.

— E que impressão tem de Brasília?

— Eu gosto da cidade, principalmente das pessoas, que são muito legais comigo. Eu sinto que elas têm um carinho por mim, por causa da minha história.

— Depois que se provou que você é Pedrinho o assédio foi grande. Hoje você consegue sair tranquilo?

— Consigo. Mas algumas pessoas me param para conversar, me dão conselhos para viver tranquilo.

— Já leu as cartas que Lia lhe escrevia enquanto você estava desaparecido?

— Não, não li nenhuma. Ela ainda não me deu. Tenho interesse de ler todas.

— No início, você ficou mais apegado ao Jayro do que à Lia. Por quê?

— Eu tinha perdido o meu outro pai (Osvaldo Borges) havia pouco tempo. Acho que o Jayro preencheu um pouco esse espaço. Foi mais fácil com o Jayro também porque ele é homem, ficava mais à vontade para conversar com ele.

— Você tem sentimento de filho com o Jayro e a Lia hoje?

— Tenho, claro. Eu os chamo de pai e mãe.

— E eles, o chamam como?

— É uma confusão. Tem hora que é Pedro, outra, Pedrinho, Júnior, Osvaldo, às vezes só filho mesmo.

— Seus pais já lhe cobram, repreendem, como qualquer pai faz com o filho?

— Ainda não. Não dei motivo para isso — começa a rir o menino, do outro lado do telefone.

— Você está namorando alguém?

— Não.

— Por quê?

— Não tenho tempo nem paciência para namorar. Nas festinhas, de vez em quando, rola alguma coisa — mais risos.

— Mas depois que você virou notícia, o assédio das meninas aumentou...

— É, esse é o lado bom — gargalha o garoto, com uma certa dificuldade provocada pela inflamação na garganta. É o fim da entrevista.

32 – Procura-se

Faz tempo que não surge uma novidade na novela da vida real que agora tem Vilma Martins Costa como protagonista. O marasmo dura até 28 de abril de 2003, quando, logo pela manhã, as redações de todo o país recebem a informação, vinda do Tribunal de Justiça de Goiás: foi decretada a prisão preventiva da empresária no processo que investiga o sequestro de Pedro Rosalino Braule Pinto, o Pedrinho. A decisão é do juiz Adegmar José Ferreira, da 10ª Vara Criminal. Agentes da Polícia Civil goiana vão à casa da acusada munidos do mandado de prisão, mas não a encontram. Vizinhos dizem que ela não é vista entrando ou saindo da residência há quase uma semana. Vilma passa a ser tratada como foragida e torna-se a pessoa mais procurada pela polícia goiana.

Duas equipes da Delegacia Estadual de Investigações Criminais passam os dias 28 e 29 de abril à procura da empresária, mas não encontram nenhuma pista dela. Na residência de Vilma, no Jardim Europa, só havia um empregado e uma sobrinha. A menina informou que sua tia viajou na segunda-feira, para "descansar" em uma fazenda de amigos, em Barra do Garças, no Mato Grosso, na divisa com Goiás. Pedrinho e suas irmãs, segundo os parentes, também teriam ido. A polícia não acredita.

— É um despiste. Temos informações seguras de que a empresária está em Goiânia — afirma o delegado Antônio Gonçalves.

Pedrinho não acompanhou Vilma. Jayro falou com o filho pelo celular na manhã em que a polícia deu início à procura pela mãe de criação do jovem. Ele estava no colégio. Para o delegado, a prisão de Vilma é questão de dias.

— Ela tornou-se uma figura pública muito conhecida por causa das reportagens da imprensa. Fica muito difícil para ela esconder-se — observa Gonçalves.

Na opinião do delegado, os advogados de Vilma teriam desconfiado de que a qualquer momento pudesse sair uma decisão desfavorável à cliente deles. Por isso, supõe o delegado, ficaram de olho e avisaram Vilma assim que a Justiça decretou a prisão preventiva.

— Havia pelo menos uma semana que a acusada não aparecia em casa, o que leva à conclusão de que ela estava sabendo que as coisas não estavam boas — conclui Antônio Gonçalves.

Um dos advogados de Vilma, Max Lânio, garante que apresentará sua cliente, mas não antes de conversar com ela. Responsável pelo mandado de prisão preventiva, o juiz Adegmar Ferreira recomenda manter Vilma na Casa de Prisão Provisória (CPP), em Goiânia, logo após ser encontrada pela polícia. Como não é portadora de diploma de nível superior, ela terá de dividir a cela com presas comuns.

Enquanto Roberta Jamilly acompanhou a mãe de criação, Pedrinho deixou a casa de Vilma Martins dois dias antes de a Justiça decretar a prisão dela. A revelação é feita a mim pela mãe biológica do garoto, Lia. Ela contou que o filho se mudou do sobrado onde morava com Vilma, no bairro Jardim Europa, na periferia de Goiânia, para um apartamento de três quartos, no Setor Bueno, área nobre da cidade.

— Ele escolheu dois colegas de colégio para dividir o apartamento, que fica bem perto da escola — conta Lia, sem revelar o endereço do filho.

Pedrinho agora vai e volta a pé da escola. Lia, o marido Jayro e Pedrinho só souberam do pedido de prisão de Vilma na manhã de 30 de abril. Foi Jayro quem ligou para o celular do filho dando a notícia, por volta das 11 horas.

— Ele estava na sala de aula e demonstrou tranquilidade — conta o pai.

A pedagoga Lílian Maria Cintra Campos Batista, que trabalha no colégio de Pedrinho, também confirma que ele assistiu às aulas normalmente.

— Mesmo após a notícia do pedido de prisão da mãe — ressalta.

Jayro e Lia estão preocupados com o filho. Lia, que passou o dia em São Paulo, onde gravou entrevista para um programa especial da apresentadora Ana Maria Braga sobre o Dia das Mães, diz que conversará com Jayro sobre o futuro de Pedrinho. Caso não consiga convencer o filho a vir imediatamente para Brasília, Jayro, Lia, ou alguém da família irá para Goiânia.

— Alguma coisa vamos fazer. Ele não pode ficar sozinho — comenta Jayro.

Com a permissão dos pais, torno a história pública na edição de 1º de maio do *Correio Braziliense*. É grande a chance de Lia e Jayro, enfim, ter em casa, de forma definitiva, o filho tirado deles há dezessete anos.

Alameda Imbé, quadra 227, Lote 16, Setor Parque Amazonas, Goiânia. Este foi o endereço usado por Vilma Martins Costa para se esconder da polícia durante o feriado do Dia do Trabalhador. A casa, localizada em uma rua pouca movimentada, foi alugada há um mês por Ana Machado Borges, amiga íntima de Vilma. Agentes da Deic cercaram o local na manhã de 6 de maio, mas não encontraram a empresária.

O cerco a Vilma está se fechando. Uma denúncia anônima feita na tarde de 5 de maio informava que Vilma teria usado o endereço para se esconder da polícia desde a decretação de sua prisão preventiva, havia nove dias. Até as 8 horas da manhã do dia 6 as buscas à empresária estavam suspensas em razão de compromisso firmado entre a advogada Rosângela Magalhães e o delegado Antônio Gonçalves, da Deic. Rosângela garantiu que sua cliente se entregaria um dia antes. No mesmo dia, entrou com pedido de *habeas corpus*.

O desembargador Paulo Teles, da Câmara Criminal do Tribunal de Justiça de Goiânia, negou a liminar no dia 6. Com a decisão, Vilma continuou foragida. Rosângela e o também advogado Max Lânio Silva Leão descumpriram o compromisso. Alegaram ter perdido o contato com a cliente.

Os familiares de Vilma davam como certa a obtenção do *habeas corpus*. Irmã da empresária foragida, Rosimar Marcelino contou que um clínico geral foi contratado para permanecer de plantão em frente à Delegacia Estadual de Investigações Criminais, para o caso de Vilma aparecer. Ela teme que a mãe de criação de Pedrinho passe mal e desmaie. Na última vez em que Vilma esteve na delegacia, em março, chegou a ser carregada por agentes até a sala do delegado Antônio Gonçalves.

Duas horas após expirar o prazo informal para Vilma se entregar três agentes da Deic saíram em uma caminhonete Chevrolet S10, em alta velocidade, em direção ao Setor Parque Amazonas. No rastro da viatura, um comboio de jornalistas cantou pneus pelas ruas de Goiânia. Em um dos carros da imprensa estão os colegas Guilherme Goulart e Edilson Rodrigues, do *Correio Braziliense*, de volta à Goiânia desde a decretação da prisão preventiva de Vilma. Os policiais demoraram cerca de 30 minutos para encontrar o endereço, em uma aparente estratégia para despistar os jornalistas. Ao chegar à casa 16 da quadra 227 da Alameda Imbé tocaram a campainha várias vezes, mas ninguém apareceu. Minutos depois da chegada da polícia, o homem que alugou a casa a Ana Machado Borges apontou na Alameda Imbé em um Gol branco.

Maria Auxiliadora e Jairo Tapajós, pais do menino Pedrinho, sequestrado em janeiro de 1986.

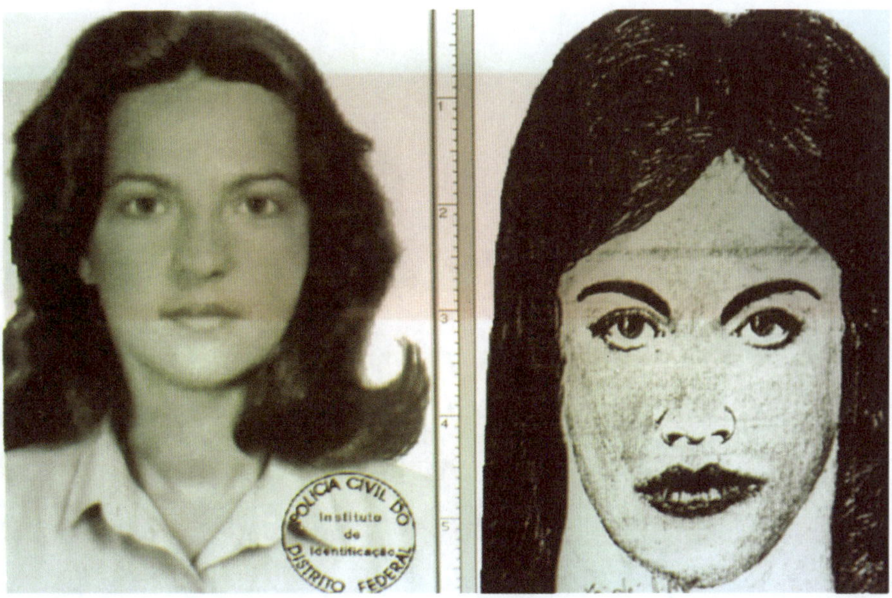

Retrato falado oficial da sequestradora do bebê Pedrinho em 1982 comparado com foto de Vilma Martins, rejuvenescida 16 anos.

© D.A Press

Jairo Tabajós e Maria Auxiliadora, pais biológicos de Pedrinho beijam seu rosto, e do lado esquerdo sua mãe adotiva Vilma Martins.

© D.A Press

Jairo Tapajós, pai do bebê Pedrinho sequestrado por Vilma Martins em 1986, fala à imprensa e mostra resultado do exame de DNA, que comprova que Pedrinho é seu filho.

© D.A Press

Osvaldo Borges Júnior, o Pedrinho, pela primeira vez na cidade, faz sinal de positivo junto a seus pais biológicos, Maria Auxiliadora e Jairo Tapajós, no Lago Norte.

© D.A Press

Vilma Martins, que sequestrou o bebê Pedrinho de um hospital em 1986 e o rebatizou com o nome Osvaldo Júnior.

© D.A Press

Roberta Jamilly, umas das filhas, chora durante entrevista.

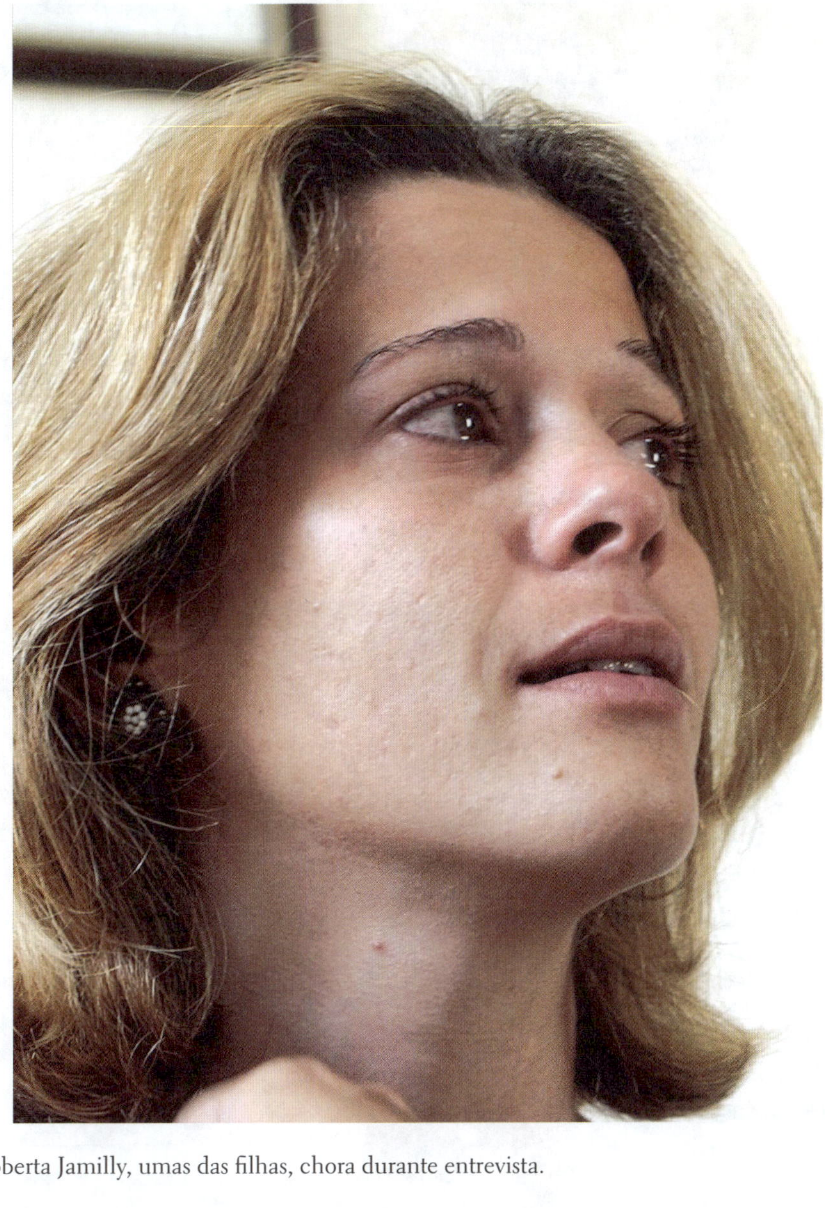

© D.A Press

Roberta Jamilly, umas das filhas, chora durante entrevista.

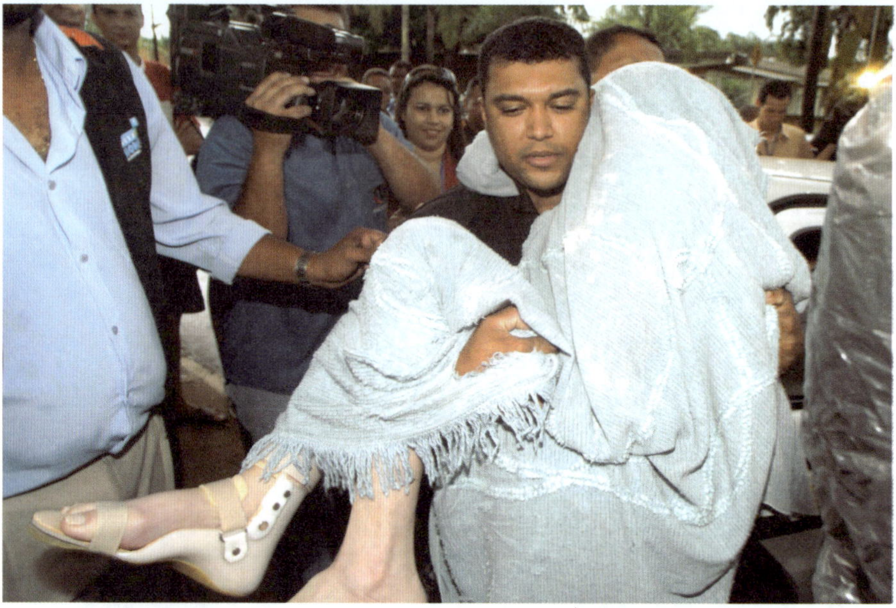

Vilma Martins, sequestradora do bebê Pedrinho em 1986, chega carregada na Casa do Albergado após transferência do Centro de Prisão Provisória, onde cumpria regime prisional semiaberto.

Prisão de Vilma Martins, sequestradora do Pedrinho, no CPP - Centro de Prisão Provisória, sendo empurrada na cadeira de rodas.

Vilma Martins Costa, sequestradora do bebê Pedrinho em 1986, durante julgamento onde ganhou direito à liberdade condicional.

Pedro Júnior Rosalino Braule Pinto em casa na asa norte em Brasília.

Pedro Júnior Rosalino Braule Pinto e a esposa Nábyla Gabriela, grávida de João Pedro.

Quarto na Casa do Albergado em Goiânia onde Vilma Martins cumprira pena após ser transferida do Centro de Prisão Provisória.

O rapaz que estava ao volante, morador da casa 17, contou que a residência em que os policiais batiam à porta havia sido alugada em 27 de março. Com a interferência dele, os agentes foram recebidos pela filha mais nova de Ana Borges, Jaqueline. Assustada, a moça falou com os investigadores no quintal da casa. Sem mandado de busca e apreensão, os policiais foram impedidos de entrar. Em seguida, Max Lânio chegou acompanhado por Roberta Jamilly e uma irmã de Vilma, Rosimar Marcelino, que chorava.

O advogado conversou por telefone com Ana Borges e conseguiu autorização para os policiais vasculharem a casa. Vilma, porém, não foi encontrada. Ana disse que Vilma esteve na residência durante o feriado, mas que desde então não teve mais notícia da amiga. Em frente à casa 16 dois sacos de lixo indicavam um fim de semana festivo. Os policiais encontraram um saco de carvão e duas garrafas de uísque vazias. Irritada com a presença da imprensa, a amiga de Vilma esbravejou e ameaçou jogar pedras em alguns jornalistas que estavam do lado de fora.

Em 5 de março, Ana Borges tentou se passar por irmã de Vilma durante o registro da ocorrência do roubo da caminhonete Ford F-250 da empresária, em Inhumas, a quarenta quilômetros da capital goiana. A polícia recuperou o veículo logo após a comunicação.

O advogado de Vilma, Roberta Jamilly e Rosimar deixaram a casa às 11h30. As duas não deram entrevistas e Max Lânio voltou a afirmar que também está à procura de sua cliente. Segundo ele, o fato de ela se encontrar foragida poderá prejudicar a defesa no julgamento do sequestro de Pedrinho.

— Nem nós sabemos onde ela está. Estamos tentando localizá-la para fazer com que se apresente com tranquilidade — afirmou.

Para o delegado Antônio Gonçalves, a busca da equipe da Deic provou que Vilma está em Goiânia. Ele continua com esperanças de prendê-la nos próximos dias.

— Esta foi a melhor pista que tivemos até agora. Ana Borges e Vilma são inseparáveis, o que comprova que elas estiveram juntas nos últimos dias. Vilma está por perto — acredita o chefe da Deic.

Em uma conversa a sós com o meu colega Guilherme Goulart, o vizinho da casa onde os policiais estiveram, conta que Ana Borges estava ansiosa para alugar o imóvel. No dia em que ela fechou o negócio estava acompanhada por uma "senhora", que não deixou o carro em nenhum momento. As duas chegaram em um Gol branco, modelo antigo. Para a polícia, o carro é o mesmo usado por Vilma, hoje estacionado em frente à casa dela, no Setor Jardim Europa. A mulher do vizinho indiscreto garante ter reconhecido a passageira.

— A senhora se parecia com a Vilma. Era morena e tinha cabelos pretos. Estranhamos que ela não saiu do carro — comenta com Guilherme.

A casa foi alugada sem contrato, mediante a apresentação de uma cópia de vínculo empregatício.

— Não confiei muito no documento, mas aluguei porque ela (Ana Borges) tinha pressa de mudar — explica o dono do imóvel.

Após pagar o primeiro mês de aluguel, um grupo de três ou quatro mulheres se mudou para a casa. O casal estranhou o fato de elas entrarem levando apenas pequenos objetos e malas de mão.

— Nenhum caminhão de mudança apareceu — ressalta o proprietário da casa.

O segundo mês de aluguel não foi pago em 27 de abril, data limite.

Em meio à caçada policial, Vilma sofre novo golpe. O juiz Marcelo Fleury Curado Dias, da 9ª Vara de Goiânia, decreta em 9 de maio a segunda prisão preventiva da empresária. Desta vez, a decisão diz respeito à acusação de sequestro de Aparecida Fernanda Ribeiro da Silva, em Goiânia, que duas décadas depois todos souberam se tratar de Roberta Jamilly, a jovem que ela criou como se fosse filha legítima. Ambos os pedidos de prisão preventiva estão baseados nos artigos 148 e 242 do Código Penal, que tratam, respectivamente, de crimes de sequestro e registro de filho alheio como próprio.

Ao contrário do que divulgou, a polícia goiana continua com enormes dificuldades para encontrar Vilma Martins e fazer cumprir a decisão judicial de levá-la a um presídio. Agora os agentes desconfiam de que parentes e amigos estejam se revezando na tarefa de esconder a acusada de sequestrar bebês recém-nascidos. Com a iminência de a Justiça decretar a prisão preventiva, eles teriam tramado um bem bolado plano de fuga para Vilma. Agentes da Deic vão às casas de todos os familiares e amigos da empresária em Goiânia. Também batem à porta e entram em chácaras de conhecidos dela em cidades próximas à capital goiana. Não há pistas.

Com Vilma ainda foragida e a casa da sua família em Goiânia praticamente abandonada, Pedrinho passa mais um fim de semana em Brasília, na casa dos pais biológicos. Na tarde de domingo assiste ao jogo de seu time, o Corinthians, contra o Fortaleza, na companhia de Jayro. Vou até a casa dos Braule Pinto, no Lago Norte. O procuro para falar sobre a decretação da prisão de Vilma. Polidamente, como de costume, diz preferir manter-se calado publicamente sobre a decisão judicial. Não insisto, peço desculpas por uma possível invasão de privacidade e compreensão pelo meu ato, pois é a minha obrigação ouvir todos os lados de qualquer história. Ele diz entender e aceita falar sobre seus pais verdadeiros. Ainda não decidiu se estará em Brasília no Dia das Mães. Lia torce que sim. Seria a primeira vez que passaria a data ao lado do filho.

33 – De Pedrinho para Lia

"Hoje é um dia especial para todas as mães, mas uma merece atenção especial. Uma mãe que eu conheci aos 17 anos e que nesse tempo todo nunca me esqueceu. Tenho certeza que esse amor só veio para a minha felicidade."

Lia acorda no domingo, 11 de maio, com uma surpresa. Pedrinho, que chegou no dia anterior a Brasília, tem um presente especial para comemorar o Dia das Mães ao lado dela. Em uma pequena carta, escrita à mão, que o *Correio Braziliense* publica com exclusividade e na íntegra em sua capa dominical, Pedrinho abre o coração para Lia, pela primeira vez.

A caligrafia arredondada, desenhada com caneta esferográfica em plena sala de aula, mostra o adolescente que na carta para Lia assina como Pedro, o nome dado pelos pais biológicos. A cada trecho da mensagem o garoto revela o encantamento com a nova mãe.

"Ainda posso e vou te dar mais amor, todo amor que eu puder te dar ainda é pouco", promete.

A homenagem escolhida por Júnior, como prefere ser chamado, é a primeira resposta à série de cartas escritas por Lia durante os dezesseis anos em que ficou separada do filho. Desde que o recém-nascido foi levado dos seus braços, Maria Auxiliadora colocou no papel, em forma de cartas para Pedrinho, as mudanças na vida da família. São relatos de uma mãe saudosa que virou exemplo para outras tantas. Ela descreve aniversários, festas, comemorações, saudades. Tudo para que ele pudesse ler quando fosse encontrado.

Em sua primeira carta à mãe, Pedrinho reconhece que a aproximação vem acompanhada de certa timidez.

"Às vezes posso parecer um pouco seco, mas não se preocupe. Como já deve ter notado, eu não demonstro meus sentimentos. Hoje eu resolvi me abrir e dizer para a minha mamãe quanto a amo."

Pedrinho considera-se hoje um garoto especial. Tem o amor incondicional de duas mães, por mais diferente que seja a situação vivida por elas.

— O amor delas serve para ser somado — me diz o garoto, na casa dos pais, já na tarde de domingo.

Vilma, pela primeira vez, não pode passar o Dia das Mães ao lado de Pedrinho. Há dois mandados de prisão preventiva contra ela, acusada pelos sequestros dele e de Roberta. Está foragida da Justiça há treze dias.

Neste fim de semana Pedrinho vai aproveitar para terminar a tatuagem de uma índia, no braço direito, iniciada na última visita a Brasília. Já Lia, curte cada segundo.

— Estou muito feliz e cercada de expectativa. É a primeira vez que a família está reunida por inteiro no Dia das Mães.

Ela conta que havia sido acordada na madrugada deste domingo, por um telefonema.

— Era uma parente nossa. Ela só perguntava se eu tinha visto o *Correio*. Então leia, então leia, dizia ela, quando respondi que não. O Jayro me trouxe o jornal, que o entregador já havia deixado na garagem. Quando vi a carta do Pedro comecei a chorar. Foi o melhor presente da minha vida. Corri para o quarto dele e o acordei, abracei e beijei muito. Falei quanto também o amava. Estou no céu.

A ideia da carta de Pedrinho surgiu na redação do *Correio*. A chefia de reportagem queria algo especial para a capa do Dia das Mães. Surgiram vários planos, várias pautas, de editorias diferentes, que seriam publicadas em um caderno à parte. À dupla Guilherme Goulart e Edilson Rodrigues, que estava em Goiânia havia uma semana, acompanhando o desenrolar do caso Pedrinho, coube a missão de sugerir ao garoto uma mensagem para as duas mães, a de criação e a biológica, Vilma e Lia.

Na segunda-feira o repórter e o fotógrafo estavam de plantão em frente o colégio do menino, esperando o término da aula, à 1 hora da tarde. Assim que Pedrinho saiu, os viu. O estudante estava com um grupo de amigos, mas se despediu deles para ir ao encontro de Guilherme e Edilson. Sabia que os dois queriam algo dele. Já se conheciam desde o início do caso, haviam criado uma relação de confiança. Pedrinho nutria simpatia maior pelo sempre extrovertido Edilson, para quem tinha posado para centenas de fotos.

O trio caminhou até uma quadra perto da escola e parou para conversar com calma e sem o olhar curioso dos demais estudantes. Cheio de dedos, Guilherme explicou a Pedrinho o que o jornal queria e como o material seria trabalhado na edição do Dia das Mães. Logo de cara, o menino se negou a escrever as cartas. Relutou bastante até que, depois de muita conversa, ficou de pensar no assunto.

Passaram-se três dias. Nesse tempo Guilherme fez algumas ligações para Pedrinho, para saber se ele havia mudado de ideia. O repórter precisava de uma resposta, uma satisfação para os chefes. Pedrinho, então, falou para ele ir até o colégio novamente na sexta-feira. Era o prazo final para a missão de Guilherme e Edilson. Quando marcaram o encontro, o menino não disse se havia escrito as tais cartas. E os jornalistas precisavam das duas, pois Vilma ainda tentava passar a ideia de vítima na história e, aparentemente, Pedrinho ainda confiava e acreditava nela.

Ao reencontrar os profissionais do *Correio*, Pedrinho fez rodeio. Ele entregou uma carta escrita à mão, em folha de caderno. E era uma carta. Só para Lia. Instantaneamente, Guilherme entendeu o valor do ato. Deu para ter uma ideia do que se passava dentro da cabeça de um menino que começava a reconhecer Lia como mãe. O repórter sabia da timidez, da dificuldade do adolescente se expressar e que ele ainda não se abrira totalmente para sua mãe biológica.

Em seguida, a dupla levou o garoto a um parque público de Goiânia. Edilson estava bem empolgado. Fazia um dia ensolarado e Pedrinho teve paciência de sobra para as invenções do fotógrafo. Edilson deu trabalho ao menino. Fez centenas de fotos, dezenas de poses. No fim do dia, mais uma surpresa: Pedrinho soube que a dupla voltaria a Brasília no sábado e pediu uma carona no carro do jornal. Naquele momento, Edilson e Guilherme souberam que ele passaria o primeiro Dia das Mães ao lado de Lia e Jayro. Mas os dois tinham que manter a novidade em segredo. Era uma surpresa para Lia.

Pedrinho ligou para o pai e falou da carona. Como ambos não queriam que Lia desconfiasse de nada, Jayro pediu para falar com Guilherme. Perguntou se o filho poderia vir no carro da reportagem. Guilherme consultou a chefia, que autorizou a carona.

No horário combinado, Edilson e Guilherme pegaram o adolescente em casa, na república de estudantes que Jayro havia montado em Goiânia. Guilherme viajou no banco da frente do carro, de onde escreveu a matéria no *laptop*. Conversando com o garoto, percebeu que Vilma perdia espaço no coração de Pedrinho.

Equipes de jornais, rádios e tevês de todo o país ainda faziam plantão constantemente em frente à casa de Lia e de Jayro, no Lago Norte. O pai, então, telefonou para Pedrinho e pediu que eles parassem o carro nos fundos da residência, onde havia um portão menor. Lia e Jayro foram ao encontro do filho. Agradeceram à dupla de jornalistas pela carona, sem ter ideia do que viria no dia seguinte.

— Só depois de ler a carta no jornal é que entendi porque, pela primeira vez, o repórter e o fotógrafo não quiseram me entrevistar, fazer foto minha, do Jayro e do Pedro aqui na porta de casa. E eles estavam sozinhos, não havia outros jornalistas. Achei tudo muito estranho, mas a minha felicidade em rever o Pedro era maior para eu ficar especulando sobre isso — observa Lia, em nossa conversa na tarde de domingo, para a reportagem do dia seguinte sobre o primeiro Dia das Mães com toda a família reunida.

De plantão, passei a manhã de domingo também em função do caso Pedrinho. Eu, secretárias, *office-boys* e outros repórteres. Os telefones da redação não paravam de tocar. Eram leitoras atrás da edição com a carta de Pedrinho tomando toda a capa. Elas queriam saber onde encontrar um exemplar do jornal, que se esgotara nas bancas. Muitas pediam para o atendente ler a carta, pelo telefone. Essas não seguravam o choro do outro lado. Ouvi muitos obrigados, muita gente dizendo que aquele também era seu presente de Dia das Mães.

34 – A casa caiu

Passa das 8h30 de 12 de maio de 2003. Após tomar o café da manhã — uma xícara de café com leite, pão de forma, queijo minas e suco de laranja —, Vilma Martins é surpreendida com fortes batidas na porta da casa onde buscou abrigo. A empresária de quarenta e sete anos não perde tempo: se joga sob um enorme sofá. Três policiais da Delegacia Estadual de Investigações Criminais forçam a porta e entram no imóvel, no bairro American Park, em Aparecida de Goiânia, a cidade mais violenta da região metropolitana de Goiânia.

— Acabou, dona Vilma, a casa caiu — exclama um dos agentes, repetindo o jargão policial dito aos bandidos no momento do flagrante.

Os policiais percebem a movimentação embaixo do sofá e o viram. Encontram um fundo falso e Vilma, usando uma calça de gabardine com blusa de brim, ambas vermelhas. A empresária pede para ir ao banheiro. Faz questão de pentear os cabelos e escovar os dentes. Em seguida é algemada. A viatura, com Vilma e os três agentes, deixa a casa às 8h50, rumo à Deic, no bairro Cidade Jardim, em Goiânia.

Estou em casa, em Brasília, quando recebo o telefonema do delegado Antônio Gonçalves. Ele demonstra satisfação ao dar a notícia da prisão de Vilma. Convida para uma entrevista coletiva, à tarde, na Deic. Não será necessária mais uma viagem minha até Goiânia.

Os colegas Roberto Fonseca e Ronaldo de Oliveira estão na capital goiana desde o início da manhã para acompanhar uma visita oficial do governador do Distrito Federal, Joaquim Roriz, ao colega Marconi Perillo. Evento este esvaziado assim que é tornada pública a prisão de Vilma Martins. Os jornalistas presentes na solenidade são acionados por suas chefias de reportagem e correm para a Deic.

Roberto é meu contemporâneo e melhor amigo no *Correio Braziliense*. Começamos juntos cobrindo a área policial. Eu como repórter júnior e ele como estagiário. Depois tomamos direções distintas na profissão. Roberto decidiu cobrir a política local, enquanto eu continuei com os meus casos policiais. No entanto, o acaso nos faz voltar a trabalhar juntos. De terno e gravata, Roberto segue para a delegacia na companhia do experiente repórter fotográfico Ronaldo. Nenhum dos dois havia participado da cobertura do caso Pedrinho. Vão comer o filé, como nós, jornalistas, costumamos nos referir àquelas que consideramos as melhores pautas. Já estou na redação do *Correio* quando falo com Roberto pelo telefone. Ele demonstra empolgação, como naquelas não tão longínquas coberturas policiais.

Na sede da Deic os agentes contam os detalhes da operação aos jornalistas, que não acompanharam a investida bem-sucedida da polícia. Revelam ter ficado de campana em frente à casa onde tinha informação de que Vilma estaria se escondendo. A casa pertence a Janaína Machado, de vinte e cinco anos, filha de Ana Machado Borges, amiga de infância da empresária. A procurada e a amiga chegaram à residência de Janaína às 2 horas da madrugada. Elas estavam em um Gol, com uma terceira pessoa, ainda não identificada.

Ana também responde a processo na Justiça goiana. Em janeiro de 2000 ela foi presa em flagrante ao tentar aplicar um golpe. O processo, por estelionato, está parado desde maio de 2002 porque Ana não era encontrada no endereço indicado na ação. Ana é presa em flagrante por ter ajudado a esconder Vilma. Foram catorze dias de buscas desde que a Justiça decretou a prisão preventiva da empresária pela acusação de sequestro do recém-nascido Pedro Rosalino Braule Pinto, o Pedrinho.

A tática usada pela polícia goiana nos últimos dias para encontrar Vilma foi procurá-la em diversos locais ao mesmo tempo. Em determinados momentos a empresária foi mais esperta. Os agentes da Deic já tinha ido à casa onde ela foi presa pelo menos três vezes na última semana. Em uma delas, Vilma se escondeu dentro do armário, enquanto os policiais vasculhavam o imóvel. Revelação feita ao colega Roberto Fonseca por Christiane Michelle.

— Até agora não sei como ela não foi presa naquele dia — comenta com o repórter a filha da acusada.

A moça garante que Vilma se entregaria na quinta-feira. Ela conta que a intenção da família não era dar fuga a Vilma, mas como a prisão foi decretada na antevéspera do feriado de 1° de maio houve consenso entre as filhas quanto a escondê-la.

— Ela ia ficar presa muito tempo sem a possibilidade de a Justiça analisar o pedido de *habeas corpus* — alega Christiane.

Como o desembargador Paulo Teles negou a liminar na semana passada, as filhas tentavam convencer Vilma a se entregar, ainda de acordo com Christiane.

— A polícia se antecipou e conseguiu prendê-la. Só me resta parabenizá-los — diz, resignado, Max Lânio.

O advogado antecipa que entra hoje com mais um pedido de *habeas corpus*. Desta vez contra a prisão preventiva no caso do sequestro de Aparecida Fernanda. Ainda que a liminar seja concedida, Vilma continuará detida porque o mandado de prisão do caso Pedrinho continua valendo.

— A dona Vilma só sai da cadeia depois que conseguirmos todos os *habeas corpus*. O mérito do caso Pedrinho será analisado na semana que vem — explica a advogada Rosângela.

Não é desta vez que Vilma passará a primeira noite em uma cela. No meio do caminho entre o esconderijo e a delegacia ela começa a reclamar de dores e falta de ar. Diz estar em mais uma crise de hipertensão, comum nos momentos em que está acuada, como nos depoimentos à polícia. Vilma chega à delegacia carregada pelos policiais, às 9h25. De olhos fechados, dá a impressão de estar desmaiada.

Vilma fica pouco mais de uma hora na delegacia. Por recomendação de dois médicos da Polícia Militar, que a atendem na Deic, ela é transferida para o Hospital de Urgências de Goiânia, mais conhecido pela sigla, Hugo. A empresária dá entrada na unidade de saúde com pressão de vinte e quatro por catorze, considerada muito alta pelo diretor-geral do hospital, Luciano Alves Sardinha.

— É um quadro típico de ansiedade — resume o médico aos jornalistas de plantão em frente ao hospital.

Vilma é internada na Unidade de Terapia Intensiva, a UTI, após ser medicada e passar por uma tomografia computadorizada.

— O quadro dela não é grave. Vamos mantê-la na UTI por ser um local mais restrito do hospital. É uma paciente que mexe com os ânimos populares e temos que preservar sua integridade física — pondera Sardinha.

O clima no hospital realmente fica tenso com a chegada de Vilma. As irmãs Christiane Michelle e Roberta Jamilly, que acompanham a mãe, se desentendem com uma atendente, ao ouvir dela um comentário sobre o atendimento prioritário a Vilma.

— Tanta gente passando mal e essa mulher passa na frente de todos — reclama a funcionária da unidade de saúde.

Um garoto de dois anos dá entrada em estado grave, vítima de choque elétrico no mesmo momento em que Christiane dá um tapa no rosto da servidora do hospital e Roberta esmurra o peito da atendente. A mulher agredida registra ocorrência no posto policial do hospital, mas o episódio fica nisso.

No começo da noite o quadro de Vilma é estável. A alta médica está prevista para a manhã do dia seguinte. Assim que deixar o hospital, Vilma será levada à Deic, onde prestará depoimento. O delegado Antônio Gonçalves quer saber detalhes sobre a fuga da empresária, principalmente sobre os lugares por onde passou. Outras pessoas poderão ser indiciadas por dar abrigo a ela. Logo após ser ouvida, Vilma será conduzida à Casa de Prisão Provisória (CPP), um presídio em Aparecida de Goiânia. Sem curso superior, ficará em uma cela comum.

Antônio Gonçalves acredita que a prisão de Vilma também o ajudará a montar a última parte do quebra-cabeça em que se transformaram os casos de sequestro dos bebês Pedrinho e Aparecida.

— Ainda falta saber quem ajudou Vilma no rapto de Aparecida Fernanda — observa o delegado.

A mulher, que ainda está sendo procurada, é morena e vestia um jaleco azul no momento em que retirou o bebê da maternidade, em 1979.

— Esta é a terceira fase das investigações e do inquérito policial envolvendo a empresária — explica Gonçalves.

A suspeita da polícia é de que essa mulher poderia não só ter tirado a criança dos braços da mãe como também ter levado o bebê até o Hospital Paulo de Tarso, em Itaguari. Foi neste hospital que a empresária Vilma Martins, com ajuda do médico Rubens Rodrigues, já falecido, forjou a cesariana de Roberta Jamilly Martins Borges. Enfermeiras que trabalhavam no hospital na época disseram à polícia que uma mulher morena, usando lenço na cabeça, deixou a criança na unidade e desapareceu.

35 – Na cela comum

Ainda internada na UTI do Hugo, Vilma toma seu café da manhã tranquilamente, sem algemas. Pouco depois das 8 horas da manhã passa por uma bateria de exames. O médico Pedro Cayoso a examina e, com o resultado de exame de sangue e da tomografia computadorizada da paciente, constata que o quadro dela é bom. Nada que justifique uma internação, muito menos em uma Unidade de Tratamento Intensivo.

— Ela é uma paciente que sofre de séria crise hipertensiva, mas que pode levar uma vida normal se tomar os remédios corretamente — garante o diretor-geral do hospital, Luciano Alves Sardinha.

Dez minutos depois das 9 horas Vilma recebe alta. Mais trinta minutos e ela deixa a casa de saúde, algemada. Reclamando de dores na perna, precisa ser transportada em uma cadeira de rodas até o carro da polícia que a levará à Delegacia de Investigações Criminais, onde chega três minutos antes das 10 horas, sob a mira de dezenas de fotógrafos e cinegrafistas. Durante vinte e dois minutos responde às perguntas feitas por Jerônimo Rodrigues Borges, chefe da Divisão Antissequestro da Polícia Civil de Goiás. Acompanhada pela advogada Rosângela Magalhães, Vilma, mais uma vez, nega participação nos sequestros de Pedrinho e Aparecida Fernanda.

— Negar é um direito dela. Cabe à polícia confirmar na Justiça todas as evidências que já temos sobre estes casos — comenta o delegado com os repórteres.

Sobre a fuga, conta ele, Vilma limitou-se a dizer que a única pessoa a lhe ajudar a se esconder foi a amiga Ana Machado. Para a polícia, há indícios de participação de outras pessoas.

— É mentira. A Ana não ia ficar vinte e quatro horas por dia ao lado dela — contesta Jerônimo Borges.

Ele anuncia que a polícia goiana vai indiciar todas as pessoas que ajudaram Vilma a se esconder por crime de favorecimento pessoal, previsto no artigo 348 do Código Penal brasileiro. A pena pode chegar a um ano de prisão.

Às 11h45 da manhã Vilma deixa a Deic e segue, novamente algemada e em cadeira de rodas, para o Instituto Médico Legal de Goiânia, onde é submetida a exame de corpo de delito, procedimento obrigatório para todos os presos antes de entrarem em uma penitenciária. Vilma, mais uma vez, desmaia. Médicos do Corpo de Bombeiros a reanimam. O destino que a empresária tanto evitou está próximo.

Algemada, de vestido azul e sentada em uma cadeira de rodas, Vilma Martins Costa entra pontualmente às 12h40 na Casa de Prisão Provisória, em Aparecida de Goiânia. Após passar catorze dias fugindo da polícia, a mulher acusada de sequestrar dois recém-nascidos é levada a uma cela comum, onde deverá permanecer por pelo menos dez dias. Ficará presa até o julgamento dos dois pedidos de *habeas corpus*.

Vilma é colocada pelos agentes penitenciários em uma cela de seis metros quadrados com outras seis detentas.

— Vamos tratá-la do mesmo modo que as outras — avisa o chefe da CPP, o capitão Massatoshi Sérgio Katayama, da Polícia Militar goiana.

A penitenciária, que abriga presos à espera do julgamento, é uma das mais bem protegidas do estado de Goiás. Mais de cem homens revezam-se diariamente na segurança das sessenta e três detentas. Quarenta por cento delas são acusadas de tráfico de drogas. O prédio também tem bloqueador de telefone celular. As visitas são semanais, sempre aos domingos, das 9 horas da manhã às 5 horas da tarde. Apenas parentes de primeiro grau — pais, irmãos e filhos — podem entrar no presídio. Mesmo não sendo filhos legítimos de Vilma, Pedrinho e Roberta têm direito de visitá-la.

— Eles ainda estão registrados no nome dela — argumenta a advogada Rosângela Magalhães.

A cela em que está Vilma foi construída para visitas íntimas. O espaço teve de ser adaptado para receber qualquer presa por causa da superlotação do presídio. Para os padrões brasileiros, a cela tem algum luxo. Há chuveiro elétrico, por exemplo. Mas são apenas seis camas para sete detentas. Os advogados de Vilma vão pedir autorização para levar um colchonete.

A empresária também terá que se acostumar com a comida da cadeia. Além do café da manhã, o cardápio das duas refeições quentes geralmente tem arroz, feijão, um tipo de carne e salada. A direção do presídio permite a entrada de três sacolas com cinco quilos de alimento a cada semana. Faz, no entanto, uma série de restrições para evitar sujeira e a entrada de armas. As presas não podem receber frutas cítricas, refrigerantes, carnes, ovos, chocolates, chicletes, balas e bolachas recheadas, entre outros. Os visitantes podem trazer para cada presa, por semana, meio quilo de achocolatado, dois quilos de açúcar cristal, duas unidades de bolos ou tortas, um saco de café, farinha e leite em pó, quatro aparelhos de barbear descartáveis, dez maços de cigarro, uma pasta de creme dental, dois bastões de desodorante, dois sabonetes, um xampu, um condicionador e quatro exemplares de livros, jornais e revistas.

Em seu primeiro dia na cadeia, Vilma não sai da cela no momento do banho de sol. Mas almoça bem e conversa com as companheiras de cela no fim do dia. Carcereiros comentam que ela tem tudo para se adaptar rapidamente.

36 – A protagonista

De tanto aprontar, Vilma Martins Costa rouba a cena. Pedrinho vira coadjuvante nesta história, com reviravoltas recorrentes. A mãe de criação do garoto protagoniza um enredo que, de tão incrível, parece mentira.

A trama envolvendo o rapto e o sumiço por dezesseis anos do filho de Lia e Jayro já havia chamado a atenção, comovido leitores, ouvintes e telespectadores em todo o país. Ganhou espaço até nos mais prestigiados veículos de comunicação estrangeiros. A audiência aumenta com a descoberta de que Roberta Jamilly também foi levada de uma maternidade. Duas crianças registradas por Vilma como se fossem filhos legítimos. Os holofotes estão virados para a empresária, assim como o foco da polícia, do Ministério Público e da Justiça.

Com o desfecho dos casos Pedrinho e Aparecida Fernanda levanta-se a suspeita de que Vilma seja uma sequestradora em série de recém-nascidos. Fala-se até em conexão internacional de tráfico de bebês. Desconfia-se que nenhuma das mulheres que criou como filhas biológicas realmente seja sua filha. Além do mais, Goiás figura no topo da lista de estados brasileiros envolvidos com o tráfico internacional de seres humanos. De Goiânia e do interior do estado todo ano saem milhares de homens e, principalmente, mulheres que acabam virando escravos no exterior. O esquema inclui crianças levadas do Brasil para serem adotadas ilegalmente por famílias estrangeiras.

No caso de Vilma, não há nada que comprove relação com algo tão grandioso, tão complexo. No entanto, as acusações ultrapassam o campo familiar. São muitos os relatos de golpes e crimes atribuídos a ela. Alguns, gravíssimos. Eles vão desde ao rapto de crianças para enganar e extorquir homens casados até tentativa de homicídio e dezenas de estelionatos.

Afinal, quem é essa mulher que atraiu os olhares de um país inteiro?

Nas suas palavras, uma pessoa sofrida, batalhadora. Vilma ressalta em entrevistas que teve de sair de casa na adolescência para ganhar a vida trabalhando. Sempre de forma honesta. Mas antigos vizinhos, amigos, clientes e familiares traçam o perfil de uma mulher calculista, oportunista, sedutora. Alguém que só pensa em se dar bem à custa da ingenuidade e do sofrimento alheios. Uma trambiqueira profissional.

Antes de se tornar apenas dona de casa, quase madame, com o conforto e os presentes que o falecido Osvaldo Borges lhe dava, Vilma fez um pouco de tudo. Foi atendente de restaurante, cabeleireira, dona de confecção, de marcenaria e até proprietária de um prostíbulo em Goiânia, de acordo com antigos moradores do sossegado Bairro Feliz, onde o comércio teria sido instalado e feito fama nos anos 1970.

Vilma nasceu em 24 de junho de 1955, em Itaguari (GO). As turbulências em sua vida começaram cedo. Conhecido como José Palmeira, o pai, um rico fazendeiro, a renegou. Revelação feita pela empresária, em depoimento à Polícia Civil, em Goiânia, na apuração do sequestro de Pedrinho. Palmeira era casado e Vilma fruto de um relacionamento extraconjugal. Rejeitada, ela ganhou abrigo na humilde residência do pequeno produtor rural Sinfrônio Martins Costa, que a registrou como filha legítima após se casar com Olívia Oliveira, a mãe de Vilma.

Sinfrônio e Olívia tiveram três filhos: Sinfrônio, Guiomar e Rosimar. Todos com participação fundamental nas investigações sobre os sequestros atribuídos à irmã. Foi Sinfrônio, o filho, quem contou à polícia que levou Vilma até o Hospital Santa Lúcia, em Brasília, onde ela raptou Pedrinho. Já Guiomar revelou a falsa filiação de Roberta Jamilly. Rosimar é a Rosa, a mais próxima de Vilma, que a acompanha a todos os depoimentos na delegacia e audiências na Justiça. Chega a brigar pela irmã.

Vilma teve um terceiro pai, o lavrador Antônio da Silva. Olívia se casou com ele e teve mais um filho, Marcos. Antônio é o vô Tonho de Pedrinho. Ele ainda mora em Itaguari e luta para entender o que se passa com a mulher que criou com carinho e muitos conselhos. Olívia Oliveira morreu em 2001, antes das revelações sobre a filha.

Vilma e a mãe viveram em conflito, segundo os parentes e outras pessoas próximas da família. Muitas vezes as discussões descambavam para agressões físicas, das quais Vilma costumava sair ferida. Cansada das surras da mãe, deixou a casa aos treze anos. Do interior de Goiás seguiu para a capital do país. Em Brasília começou a trabalhar como caixa no restaurante do clube Cota Mil, uma agremiação voltada principalmente para a prática de esportes náuticos, na margem do Lago Paranoá. De beleza estonteante, Vilma chamou a atenção do patrão, Carlos Soares da Silva, vinte anos mais velho. Os dois começaram um namoro que logo virou casamento, apesar da pouca idade da funcionária. Da relação teriam nascido três meninas — Carla Beatriz, Patrícia Helaine e Christiane Michelle — que Vilma jura serem suas filhas legítimas, mas a polícia desconfia. Elas, que haviam manifestado interesse em fazer exame de DNA, recuam e já não aceitam ceder material genético, o que dirimiria quaisquer dúvidas.

De Brasília a família seguiu para o interior de São Paulo, depois Curitiba, Rio de Janeiro e, por fim, Goiânia. Na capital paranaense o casal montou uma confecção de roupas. No Rio, nasceu Christiane. Já na capital goiana, acabou o casamento. Vilma e Carlos se separaram oficialmente em 10 de junho de 1975. Em depoimento à polícia de Goiás sobre os sequestros atribuídos à ex-companheira, Carlos afirmou que o casamento acabou por causa das constantes traições de ambos os lados. Vilma ficou com as filhas, em Goiânia, e Carlos voltou ao Rio.

Solteira, Vilma decidiu montar um bordel de luxo, com poucas, mas lindas mulheres, voltado a uma clientela seleta: homens capazes de pagar bem pelo prazer de algumas poucas horas.

— Era uma casa discreta no Bairro Feliz, sem letreiros, que já foi destruída. No lugar construíram um prédio pequeno. A casa era conhecida como Sobradão — contou o engenheiro civil João Rassi, filho do industrial Jamal Rassi, em entrevista à revista *IstoÉ Gente*. Ele lembrou ainda que muitos dos jovens da sua época frequentavam a casa comandada por Vilma, fazendo festas como despedidas de solteiro. Afirmou ter visto Vilma entrar e sair do estabelecimento, que ele não podia frequentar por ter menos de dezoito anos.

Na residência de dois pavimentos, no número 700 da Rua Pedro Rassman, Vilma conheceu muita gente de posses. Entre eles, Jamal. Naquela época, 1976, o industrial, dono de muitas terras em Goiás, já era casado, tinha família consolidada. Era um homem de respeito na alta sociedade goiana, em que fazenda e gado sempre foram sinônimos de riqueza e poder. Vilma viu nele a oportunidade de um porto seguro. Sem poder ter filhos por causa da laqueadura realizada em 1974, como revelou o ex-marido Carlos Soares, ela teria bolado o plano do rapto de um bebê. Primeiro, dizendo estar grávida de Jamal, se refugiaria no interior goiano, comeria o que pudesse para engordar e, passado os nove meses de uma gravidez normal, mandaria roubar um recém-nascido em uma maternidade qualquer. Para dar maior veracidade, forjaria até um parto, com direito a sangue sobre o bebê. E tiraria o excesso de gordura em uma espécie arcaica de lipoescultura. Dessa forma, acreditando ser o pai, Jamal teria que deixar a família para assumir Vilma e a nova filha.

Nessa trama, além de comer, Vilma tomou remédios para engordar trinta quilos. Na simulação da gravidez e do parto recorreu a um médico amigo e falido. Dono do Hospital Paulo de Tarso, de Itaguari, Rubens Rodrigues Dantas estava sem dinheiro por causa do descredenciamento de seu estabelecimento do antigo Inamps. Ambos ainda convenceram enfermeiras a fazer parte da fraude, mas sem lhes contar os detalhes. O médico e a falsa paciente alegaram que inventariam um parto para justificar uma adoção.

Em interrogatório na Deic de Goiânia a auxiliar de enfermagem Maria Conceição Vieira disse ter desconfiado da história de que Vilma fingiria o parto para assumir uma criança. A empresária afirmara às funcionárias do hospital que faria aquilo por amor, compaixão, solidariedade. Queria criar uma criança que a mãe, miserável, não tinha condições nem de alimentar. Mas no dia marcado para o falso parto de Vilma, Maria Conceição assistiu a uma reportagem na televisão sobre o sumiço de uma recém-nascida em uma maternidade de Goiânia. Era Aparecida Fernanda Ribeiro da Silva.

Vilma já havia passado pela cirurgia de retirada de gordura e estava no quarto do hospital de Itaguari com um bebê ao seu lado. Maria Conceição havia ido ao berçário e viu uma pulseira de identificação em um dos bracinhos da criança. Nela estava escrito Aparecida. Mais de vinte anos depois, a auxiliar de enfermagem afirmou à polícia ter alertado o médico, mas ele a mandou manter segredo porque Vilma era uma pessoa má, vingativa, capaz de atos extremamente violentos.

Os planos de Vilma não saíram como o arquitetado. Jamal acreditou que a menina era sua filha. Não largou a família. Para evitar que a relação extraconjugal e a filha viessem a público, o industrial passou a dar uma gorda pensão à amante.

— Durante anos, ela (Vilma) arrancou dinheiro de meu pai ameaçando contar o caso para a minha mãe e à imprensa. Quando descobrimos tudo ela ia com a Roberta até a porta de casa e ficava gritando, mostrando a menina para exigir dinheiro — relatou João Rassi à reportagem da *IstoÉ Gente*.

A relação entre Vilma e Jamal se estendeu até 1982. O industrial já não tinha dinheiro para bancar duas famílias. As empresas dele haviam entrado em crise, estava à beira da falência. E como sua família já sabia de Vilma e Roberta, também não se importava tanto com as ameaças de escândalo da amante. Não tinha muito mais a perder.

Com o dinheiro de Jamal minguando e o Sobradão fechado, Vilma procurou outro relacionamento amoroso. Novamente se envolveu com um homem casado e bem situado financeiramente. O fiscal da Receita estadual Osvaldo Borges conheceu a amante na rua. Amigos dele dizem ter sido uma atração fatal. Osvaldo havia parado seu carro para ajudá-la a trocar um pneu furado. E se apaixonou pela mulher. À polícia, em depoimentos sobre a investigação do paradeiro de Pedrinho, Vilma disse que, à época do primeiro encontro com Osvaldo, ganhava a vida vendendo sementes de capim para plantio em fazendas de gado. Profissão que largou após o namoro engatar.

Como era casado, Osvaldo manteve o namoro em segredo por dois anos. Não partiu dele a iniciativa de tornar público o romance. O fiscal só assumiu o relacionamento após ser descoberto por uma de suas filhas. Ele não saiu de casa imediatamente. Por três anos morou com as duas famílias. À época as casas eram separadas apenas por quatro ruas. Enquanto Vilma comemorava mais uma conquista, a primeira mulher do fiscal lamentava e sofria com o fim do casamento, que, até então, havia lhe rendido uma família grande, unida, feliz.

Cada vez mais perto de Vilma e mais distante da antiga família, Osvaldo decidiu abrir um negócio para a nova mulher. Comprou uma marcenaria. Ela contratou funcionários e passou a fabricar e consertar móveis. No entanto, era pouco para Vilma. Ela queria que Osvaldo largasse de vez a antiga mulher e passasse a morar com ela e suas filhas. Foi aí, segundo as investigações, que teve a ideia de sequestrar outro recém-nascido. Para enganar Osvaldo anunciou uma gravidez de três meses. Como não teria uma maneira de sustentar a mentira sem uma barriga e os sintomas da gravidez, decidiu viajar, sob a alegação de que precisava fazer cobranças fora de Goiânia e até de Goiás, de clientes inadimplentes da marcenaria. A tal viagem durou seis meses, justamente o prazo para conclusão da suposta gravidez. Estratégia semelhante à usada no caso de Aparecida Fernanda. De volta à Goiânia, Vilma apareceu com um bebê. Era Pedrinho, mas como Osvaldo desconhecia o rapto, decidiu registrá-lo como seu filho e com o seu nome. Antes, anunciou à antiga família que estava saindo de vez de casa. Iria assumir Vilma, as duas filhas dela e o recém-nascido.

Além dos ganhos com a marcenaria, com Osvaldo Vilma passou a viver da renda do novo marido, que lhe dava roupas, sapatos, joias, carros e todo luxo e conforto que pedisse. Vilma também começou a desfrutar de outro prazer, a bebida. Em festas e até no dia a dia de casa, consumia garrafas de uísque importado. Tanto que muitas vezes ela ficava sem condições de dirigir, o que obrigava Pedrinho, um adolescente, sem carteira de habilitação, a voltar para a casa dirigindo o carro da família com a mãe ao lado, no banco do passageiro. Sabendo disso, policiais civis de Brasília tiveram a ideia de simular uma *blitz* para pegar o menino e chamar Vilma a uma delegacia para tentar convencer a ambos a cederem material genético para um exame de DNA.

Vizinhos e pessoas próximas de Vilma relatam que, mesmo com Osvaldo dentro da sua casa, fazendo todas as suas vontades, ela investiu sobre outros amantes, usando história de supostos filhos com eles para ganhar mais dinheiro. Um desses casos envolveria o dono de uma rede de postos de combustíveis, em Goiânia. Um dos filhos de Jamal Rassi, em entrevista à revista *Época*, contou que o novo relacionamento extraconjugal de Vilma teve início em 1987. Dois anos depois ela apareceu com uma criança pequena no colo afirmando que era filha do tal empresário. Como havia feito com Jamal e Osvaldo, exigiu uma pensão para criar o bebê sem expor o suposto pai, casado. No entanto, devido a um problema congênito, o dono dos postos de gasolina não podia ter filhos. Com isso, ainda de acordo com o filho de Jamal, o empresário pediu um exame de DNA a Vilma, que nunca mais deu notícias a ele.

Também à *Época*, uma ex-empregada de Vilma, que trabalhou na casa dela por quatro anos, afirmou que a ex-patroa arrancava dinheiro do dono de uma rede de escolas em Ribeirão Preto, no interior de São Paulo, dizendo que Roberta era sua filha. A extorsão ocorreu, segundo a denunciante, após a fonte de Jamal secar e antes de Vilma se envolver com Osvaldo.

Com a morte de Osvaldo, Vilma passou a reivindicar todos os bens do marido: a casa onde moravam, avaliada em R$ 120 mil, três carros (uma caminhonete Ford F-250, um Volkswagen Logus e um Chevrolet Corsa). Além dos bens patrimoniais, ela começou a gastar como queria os R$ 7 mil da pensão deixada por ele. Mas os filhos de Osvaldo, que tanto sofreram e viram a mãe sofrer com o fim do casamento dela, entraram na Justiça para que ao menos metade da renda fosse para Cleonísia de Oliveira Borges, a primeira mulher do fiscal da Receita goiana. Na alegação enviada ao juiz para que bloqueasse o repasse total à Vilma, os filhos de Osvaldo e Cleonísia destacaram que a ex-amante dele sequestrou uma criança recém-nascida em seu plano de enganá-lo para viver de sua renda.

Para os filhos de Osvaldo e Cleonísia, Vilma foi ainda mais cruel que o demonstrado pelas investigações até agora. Jorge, de quarenta e três anos, o filho mais velho do casal, desconfia até que o pai possa ter sido envenenado pela ex-amante. Ele suspeita de que Vilma tenha usado remédio à base de raízes fortes para potencializar os efeitos do câncer que, oficialmente, o levaram à morte. Jorge chegou a pedir uma biópsia do pai para confirmar a causa da morte. Peritos não encontraram sinais de substâncias tóxicas no corpo de Osvaldo, mas o filho dele mantém as suspeitas, a ponto de pensar em pedir a exumação do corpo para um exame mais detalhado. Parentes do fiscal da Receita estadual contam que, em seu leito de morte, Osvaldo foi visitado por Vilma, na companhia do funcionário de um cartório, para que ele assinasse documentos lhe dando amplos poderes sobre todos os seus bens. Isso horas antes de o coração dele parar.

Agora, além de dar metade da pensão do pai à mãe, os filhos de Osvaldo e Cleonísia estudam formas de tirar de Roberta e Pedrinho o direito à herança do homem que os criou como filhos. Atitude tomada após Vilma ser flagrada com os documentos que davam a ela autorização de movimentar qualquer bem em nome dos dois. Em outra frente, Jamal Rassi buscará reparação pelos danos causados pela ex-amante ao ter atribuído a ele a paternidade de Aparecida Fernanda Ribeiro da Silva. O antigo industrial vai entrar com uma ação de negativa de paternidade e quer de volta o dinheiro que gastou com a ex-amante e a falsa filha para doar a uma instituição filantrópica. Por fim, empregados da marcenaria, fechada por Vilma após a morte de Osvaldo, lutam por seus direitos trabalhistas. Acusam a ex-patroa de calote. Muitos nem sequer receberam os últimos salários. Há aqueles que, em função do medo, preferem deixar o caso para lá, ficar com o prejuízo.

37 – Roubo, beijinhos e versões

Após oito dias trancafiada, Vilma deixa o presídio em Aparecida de Goiânia no início da tarde de 21 de maio de 2003, quinta-feira. O contato com o mundo além dos muros da cadeia será breve. Ela tem encontro marcado com a Justiça. Vai acompanhar a audiência em que serão ouvidas três testemunhas de acusação do caso Pedrinho, que culminou em sua prisão preventiva.

Vilma chega ao Fórum de Goiânia por volta das 2 horas da tarde. Antes de entrar na sala de audiências, diz sentir-se mal. É atendida pelos médicos do Tribunal de Justiça. Sinfrônio Martins, irmão da acusada, é o primeiro a depor. Ele confirma ao juiz que deixou Vilma na porta do Hospital Santa Lúcia, em Brasília, no dia em que Pedrinho foi sequestrado e que voltou para Goiânia com ela e o bebê. Em seguida, Gabriela Azeredo Borges, neta de Osvaldo Borges, relata ter ouvido Vilma dizer que fez laqueadura havia vinte anos. Por último, Cleonísia de Oliveira Borges, ex-mulher de Osvaldo, diz que ele contou que a amante, Vilma, estava grávida, em três ocasiões. Na terceira, anunciou que Osvaldo Júnior, o Pedrinho, tinha nascido.

Os depoimentos são breves. Vilma sai da sessão jogando beijos para as filhas Christiane e Roberta. Mas ambas têm uma notícia desagradável para a mãe. Mais uma. Nos dois minutos de conversa com Vilma contam sobre o assalto à residência da família, na manhã do dia anterior. Dois homens encapuzados invadiram a casa e fizeram reféns Christiane, Roberta e outros parentes da empresária, das 6 horas às 10 horas. Os bandidos roubaram o Gol de um dos familiares de Vilma, um aparelho de tevê, um computador, três telefones celulares, joias e talões de cheque. A polícia encontrou o carro duas horas depois.

Vilma deixa a Casa de Prisão Provisória (CPP) novamente no dia seguinte para novo encontro com a Justiça. Desta vez, no 2º Tribunal do Júri do Fórum de Goiânia, ela participará da primeira audiência do processo sobre o sequestro de Aparecida Fernanda Ribeiro da Silva, a menina que após um exame de DNA todos souberam ser Roberta Jamilly. E Vilma agora não será uma ouvinte. Será a interrogada.

Vilma entra na sala do juiz quando faltam cinco minutos para as 2 horas da tarde, em cadeira de rodas, com um vestido longo verde, sem mangas e os cabelos escovados. Imediatamente procura as filhas Christiane Michelle e Roberta Jamilly, sentadas na quarta fileira de cadeiras. Vilma joga beijos para as duas, que retribuem. Pouco antes do depoimento uma enfermeira dá um comprimido a Vilma.

— Ela está com pressão alta — justifica a advogada Rosângela Magalhães.

Nesse dia, ainda estou em Brasília quando recebo mais um telefonema de Goiânia. O colega Roberto Fonseca já deixou a capital goiana e retornou à capital do país. Lá em Goiânia temos outra equipe. A repórter Cida Barbosa e o repórter fotográfico Acácio Pinheiro haviam deixado o Distrito Federal na tarde anterior para fazer a cobertura de um jogo válido pelo Campeonato Brasileiro de futebol, no estádio Serra Dourada, na noite de quinta-feira. Setorista de esporte, especialista em futebol, Cida quer ajuda. Diz saber pouco sobre o caso Pedrinho, apesar de ter lido algumas das reportagens publicadas no *Correio Braziliense*. Repórter é repórter. E o bom profissional se vira como pode, tenta fazer o melhor com o que tem. Cida está na categoria dos melhores repórteres da redação do *Correio*. Tanto que driblou com imensa categoria todos os preconceitos contra a mulher repórter que se mete a cobrir futebol. Dá lições sobre os times e os torneios de Brasília, do Brasil e do mundo. Após nosso rápido diálogo, ela assimila as regras do jogo. O resultado é uma brilhante analogia do depoimento de Vilma no Tribunal de Justiça de Goiás. Na matéria enviada por *e-mail* a mim — para que eu possa verificar nomes, datas e completá-la com outras informações —, publicada na edição de 23 de maio, Cida compara a versão apresentada por Vilma para o sequestro de Aparecida Fernanda à passagem bíblica do julgamento comandado pelo Rei Salomão.

Vilma diz acreditar que seu bebê tenha morrido no Hospital Paulo de Tarso e foi trocado por outra criança, no caso Aparecida Fernanda. Em parte, a história é semelhante à de duas prostitutas que moravam juntas e tinham bebês da mesma idade e compareceram diante do Rei Salomão disputando uma criança. Uma acusava a outra de ter trocado o bebê vivo pelo morto. O juiz Marcelo Fleury Curado pergunta então a Vilma o que ela acha que aconteceu ao seu suposto filho legítimo.

— Tem hora que penso que houve óbito, e isso dói — afirma a ré.

Ela repete a versão dada à polícia em 26 de fevereiro. Diz que estava grávida e que um dia antes do parto brigou com o então amante, o industrial Jamal Rassi. Foi para a casa da mãe, em Itaguari. Jamal teria mandado seu motorista segui-la. Ao chegar ao interior, a bolsa da amante já tinha estourado. O parto, de acordo com ela, foi feito pelo médico Rubens Dantas. O bebê teria apresentado problemas respiratórios e sido transferido para o Hospital da Criança, em Goiânia, enquanto ela ficou cinco dias internada em Itaguari. O juiz quer saber se ao voltar a Goiânia Vilma reconheceu a criança internada como aquela à qual tinha dado à luz.

— Não sei, porque estava anestesiada quando ela nasceu. E bebê é tudo igual — responde a interrogada.

Vilma alega não haver registro de Roberta no Hospital da Criança, porque ela foi internada com outro nome.

— Jamal a internou com o nome de Roberta Rassi e outro sobrenome que não lembro.

A empresária já havia sido desmentida pela direção dos hospitais onde ela afirmava que sua criança havia sido internada após o parto e onde teria feito os exames pré-natais de Roberta. O diretor-técnico do Hospital da Criança, José Eduardo Pereira de Souza, informou à polícia não haver registro da internação de Roberta Jamilly entre os dias 5 e 10 de março de 1979. Já o diretor do Hospital Maria Auxiliadora, Gil Teodoro Rodrigues, garantiu que nos arquivos da instituição não existe registro de exames pré-natais de Vilma Martins Costa.

Perante o juiz, a ré também nega a acusação de ter simulado o parto. Três ex-funcionárias do hospital de Itaguari disseram à polícia que Vilma teve a barriga cortada para retirar gordura e chegou a passar seu sangue no corpo da recém-nascida para dar veracidade à farsa.

A justificativa dela para a demora em registrar Roberta é de que o ex-amante lhe disse que já tinha providenciado o documento, mas nunca entregou a certidão. O registro acabou sendo feito por Osvaldo Borges, seu companheiro, morto em outubro do ano passado. Vilma desmente ainda o ex-marido, Carlos Soares. Ele afirmou que a ex-empresária fez laqueadura anos antes de Roberta nascer.

Ao longo do depoimento, que dura cerca de uma hora, Vilma olha para as filhas mais duas vezes. Uma para mandar mais beijos. A outra, quando elas saem pouco antes do fim da sessão. As três se encontram em uma sala reservada antes de Vilma voltar à Casa de Prisão Provisória.

Os advogados de defesa têm três dias para apresentar a defesa prévia. Já o Tribunal tem seis dias para marcar os depoimentos das dezesseis testemunhas de acusação. Pela segunda vez, a Justiça nega um *habeas corpus* a Vilma.

Na quarta-feira o desembargador Jamil Pereira de Macedo negou o pedido feito pela advogada Rosângela Magalhães. Ela havia tentado novamente revogar a prisão preventiva de sua cliente, decretada por causa das acusações de subtração de menor e falso registro de Aparecida Fernanda. Macedo entendeu que não estão presentes os requisitos para concessão de liminar, como o princípio de bom direito e perigo da demora. O argumento da advogada é de que Vilma sofre perseguições por parte da sociedade e de alguns "maus integrantes do Judiciário, que afrontam a imparcialidade da lei para atender ao clamor popular". Na semana que vem será julgado o mérito dos dois *habeas corpus* pedidos pelos advogados de Vilma, o segundo diz respeito ao caso Pedrinho. Pelo menos até lá ela continuará no presídio, dividindo uma cela com seis detentas.

38 – A indignação dos Borges

Os advogados de Vilma Martins escalam um time de sete testemunhas para reforçar a tese de que o pai de criação de Pedrinho, Osvaldo Borges, é o único culpado pelo rapto do jovem nascido há dezessete anos, em Brasília. A estratégia, usada em 6 de junho, durante a etapa final da fase de instrução do julgamento do caso, revolta os parentes de Osvaldo. Ele não está mais aqui para se defender. Morreu de câncer em outubro do ano passado, acreditando, segundo seus parentes, que Pedrinho, a quem deu o nome de Osvaldo Martins Borges Júnior, era seu filho legítimo com Vilma Martins Costa.

Filho do primeiro casamento do fiscal de rendas, Jorge Borges não acredita nos fortes laços de amizade entre o pai e Welson Ribeiro. Ex-colega de trabalho de Osvaldo, Welson disse ao juiz, em audiência na sexta-feira, ter ouvido do amigo que Pedrinho era seu filho adotivo.

— Isso é um absurdo. Meu pai nunca soube disso — garante Jorge.

A promotora Marta Moriya Loyola classifica como inconsistente o depoimento de Welson, que não sabe responder a questões banais como a data em que Osvaldo se separou da primeira mulher.

Os depoimentos duraram quatro horas. O juiz Adegmar José Ferreira, da 10ª Vara Criminal do Tribunal de Justiça de Goiânia, atendeu ao pedido de fechar a sessão ao público durante a fala de Pedrinho, Ana Borges, amiga íntima da ex-empresária, e Christiane Michelle. O testemunho de Manoel Antônio de Souza, marido de Rosimar Marcelino de Souza, irmã de Vilma, foi aberto ao público. Ele disse que, em 1998, Osvaldo teria lhe pedido para contar a Pedrinho que ele não era seu filho legítimo.

Outra testemunha, Maria de Lourdes Ribeiro, amiga de Vilma, disse que Osvaldo confidenciou a ela ter ganhado uma criança em Mara Rosa (GO) de uma senhora desconhecida. Rosimar foi a última a depor. Começa dizendo que no dia da chegada de Pedrinho Vilma estava em Itaguari. Mas deixa escapar que a empresária se encontrava em Goiânia. Logo depois admitiu não se lembrar do local exato. Rosimar não poderá ser processada por ter se apresentado como informante e em razão da sua proximidade com a acusada.

A mesma condição foi dada a Pedrinho, que se limitou a dizer que só tomou conhecimento do caso após a morte de Osvaldo. Vilma reafirmou que Osvaldo o recebeu das mãos de uma gari de Brasília. A previsão é de que o julgamento termine até julho. Vilma também será julgada neste ano pelo sequestro de Aparecida Fernanda Ribeiro da Silva.

A advogada da família Borges, Márcia Helena Ferreira, orientou Jorge, o filho mais velho de Osvaldo, a esperar o andamento do processo para, caso os advogados de Vilma continuem a defender a mesma tese, processar as testemunhas e a ex-empresária presa. Gabriela Azeredo Borges, filha de Jorge, tomou conhecimento dos depoimentos de sexta-feira por meio do *Correio Braziliense*, mas diz não estar surpresa.

— A gente sabe do que Vilma é capaz — diz a neta de Osvaldo.

— A prova maior de que meu avô é inocente é o depoimento da Lia (Maria Auxiliadora Rosalino Braule Pinto, mãe verdadeira de Pedrinho), que reconheceu a Vilma como a sequestradora — ressalta Gabriela.

Há meses a adolescente tenta ficar longe do caso, evitando ler jornais e assistir televisão. Também restringiu sua vida social às festas em recintos fechados e casas de amigos. Ela teme represálias da família de Vilma por ter sido a primeira a denunciar o crime.

39 — Jogatina e barraco

Vilma Martins Costa não sossega. Ela arrumou uma enorme confusão na Casa de Prisão Provisória. Presa por envolvimento nos sequestros de dois bebês, agora responde a sindicância aberta pela direção do presídio. A ex-empresária é acusada de trocar cigarros e cartões telefônicos por regalias e comandar uma banca de jogos na cadeia. Ao tentar exercer liderança na CPP, onde cinquenta e nove mulheres aguardam julgamento, Vilma provoca desentendimento entre as presas. Torno pública a mais nova de Vilma por meio da reportagem publicada em 25 de julho, com base em entrevistas com carcereiros e o diretor do presídio, o capitão Sérgio Katayama.

Vilma chegou a ser agredida por uma detenta. Dahier Silva Bessa deu tapas nos braços de Vilma e a ameaçou de morte. Mas duas das filhas de Vilma, Roberta e Christiane saíram em defesa da mãe. No dia de visitas foram à cela da agressora e revidaram as ameaças. Logo após o fim da visita, o capitão Katayama mandou fazer uma revista na cela número 2 da ala feminina, onde Vilma está encarcerada com outras três mulheres. Os policiais encontraram uma garrafa de vidro com pimentas, uma agulha de crochê com ponta afiada e um pedaço de ferro, também com ponta.

— A dona Vilma admitiu que o material era dela. Alegou que tudo era para sua defesa. A pimenta, ela jogaria nos olhos de uma possível agressora — me conta Katayama, por telefone.

A direção do presídio abriu sindicância. Além de Vilma, os policiais ouviram Dahier Bessa, Christiane Michelle e Roberta Jamilly. Dahier negou a agressão. As filhas de Vilma disseram apenas que conversaram com a agressora. Mas, de acordo com Katayama, quatro detentas confirmaram que Dahier deu os tapas em Vilma e que Christiane e Roberta fizeram ameaças à presa. Ele deu quinze dias de prazo para a conclusão da investigação. A culpada perderá o direito às visitas.

O capitão Katayama revela ainda que Vilma não tem desavenças apenas com Dahier Bessa.

— Desde que a dona Vilma chegou aqui demonstrou o desejo de se tornar uma líder do bloco onde está presa. Ela quer convencer as detentas a agir da forma que acha ser a correta. Isso tem gerado atritos.

Entre as regras que Vilma tenta impor está o controle das ligações nos dois únicos telefones públicos a que as presas têm acesso. Os aparelhos, com escuta, não recebem ligações. Cada interna tem direito a cinco cartões telefônicos de vinte unidades por semana. Sem saber como, o diretor da CPP diz que Vilma tem recebido mais cartões do que o permitido e dava ou os trocava com as detentas que estivessem do seu lado.

Discussões constantes ocorrem na cela de Vilma por causa do jogo de baralho que ela ensinou às colegas. As rodadas valem dinheiro ou algum produto, como cigarro.

— A dona Vilma sempre ganha e as outras presas estão em dívida com ela, diz o diretor, sem precisar a modalidade de jogo.

As presas também estão incomodadas com o fato de Vilma sempre deixar a CPP em uma cadeira de rodas quando tem que depor no Tribunal de Justiça de Goiânia, onde responde a três processos.

Telefono para a casa de Vilma para ouvir das filhas dela. Christiane conta que a mãe tem sofrido ameaças e teme que Dahier Bessa faça algo pior contra Vilma.

— Ela ameaçou cortar a garganta da minha mãe — afirma Christiane.

Ela e Roberta voltaram ao presídio para levar comida e roupas à ex-empresária, como fazem toda semana. E foram chamadas pela direção da CPP para dar sua versão na sindicância. Pedrinho não visitou Vilma nos dois últimos domingos.

40 – Um brasiliense

Brasiliense de nascença e de fato. O menino roubado dos braços da mãe e de Brasília há dezessete anos, quando tinha apenas treze horas de vida, volta à cidade para fincar raízes.

A mudança definitiva de Pedrinho para Brasília é marcada pela matrícula no Leonardo da Vinci, na quadra 914 Norte, colégio tradicional de classe média alta, fundado em 1969. O garoto está no terceiro e último ano do ensino médio. Ele assiste às primeiras aulas em sua nova escola na fria quinta-feira, 31 de julho de 2003.

Sabendo da novidade, na noite anterior telefono para Jayro e Lia e peço permissão para ir até o colégio, acompanhar esse momento na vida da família Braule Pinto. Dizem não haver problema, desde que eu me atenha à porta da escola. É o suficiente para mim.

Não espero muito até encontrar Jayro e o filho no primeiro dia de aula do adolescente. Ambos estão descontraídos. Eles chegam à escola cinco minutos após as 7 horas da manhã, dez minutos antes do início das aulas. Pedrinho, de uniforme — camiseta branca e blusão azul —, se despede do pai com um beijo no rosto. Jayro é só felicidade. O colega Jefferson Rudy não perde a oportunidade de registrar o gesto carinhoso entre pai e filho. Combinamos de conversar após as aulas, depois do meio-dia e meia, para não atrasar Pedrinho nem Jayro, que precisa ir para o trabalho.

Jayro volta para buscar o filho vinte minutos após o meio-dia. Esperamos juntos a saída de Pedrinho. O garoto sai conversando com duas alunas. Mas assim que vê o pai despede-se das meninas.

Em seu primeiro dia de aula na nova escola, demonstrou certa retração em sala.

— Fiquei no cantinho da sala, na minha — comenta o garoto, que faz parte da turma A do 3º ano.

O colégio, porém, não chegou a assustar o novo aluno.

— Pelo menos em carga horária, aqui é mais tranquilo do que minha escola em Goiânia — ressalta.

A partir da quinta série do ensino fundamental Pedrinho estudou apenas no Colégio Ávila, em Goiânia, cidade para onde foi levado após ser sequestrado. No Ávila, além das aulas pela manhã de segunda a sexta-feira e provas aos sábados, ele tinha lições à tarde em três dias da semana. Agora não precisa ir ao colégio aos sábados, e à tarde só vai duas vezes na semana.

Para Pedrinho, os colégios brasilienses preparam melhor o aluno para enfrentar o concorrido vestibular da Universidade de Brasília (UnB). Jayro conta que o filho viu a diferença após testar o último exame da universidade, no mês passado.

— Ele sabe que para passar no curso que escolheu, direito, tem de estudar bastante.

Antes de escolher o Leonardo da Vinci Pedrinho visitou outros colégios. Jayro garante que não influenciou na escolha. Mas ficou satisfeito de ver o garoto no mesmo local em que estudaram seus outros três filhos: Eduardo, Cristina e Ana Cláudia.

— O colégio é bem rigoroso na educação, e aqui o Pedro vai ter a atenção que precisa.

Morando com os pais há uma semana, Pedrinho ainda se confunde com o emaranhando de iniciais e números que indicam quadras e setores.

— Se me perder, é só pegar o Eixão para chegar em casa — tranquiliza-se o adolescente, em bom e claro brasiliês.

De carro, Pedrinho gastará, em média, dez minutos no trajeto da escola até a casa dos pais, na QI 8 do Lago Norte. Fiscal da Receita Federal, Jayro pretende levar e buscar o filho todos os dias.

— É caminho para ele (Pedrinho), para o Dudu e para o meu trabalho — explica.

Eduardo, o Dudu, é o filho mais novo do casal Jayro e Maria Auxiliadora Braule Pinto, a Lia. O adolescente estuda agora no colégio Gisno, na 907 Norte, onde cursa o 1º ano do ensino médio. Jayro e Lia o adotaram após o sequestro de Pedrinho. Agora, Dudu é a principal companhia de Pedrinho em Brasília. Aonde um vai o outro segue atrás. Nas vindas rotineiras à cidade Pedrinho conheceu todas as boates da moda da capital.

— É uma das melhores coisas daqui — diz ele, que adora uma noitada. Ele não bebe nem fuma, para felicidade de Jayro e Lia.

A relação do garoto com Brasília e Goiânia se inverte. Agora ele irá à cidade onde foi criado apenas em alguns fins de semana e feriados.

— Não vou abandonar meus amigos — promete.

No entanto, o garoto, que já fez amizades na escola, revela desejos tipicamente brasilienses. Quer se dedicar aos estudos para ingressar em alguma faculdade da capital e cursar direito. Depois, sonha em fazer concurso e virar funcionário público.

— Posso trabalhar em algum órgão federal e ter uma vida mais segura.

Após me despedir de pai e filho, continuo na frente do colégio para conversar com professores e alunos. Pedrinho é o assunto predominante no Leonardo da Vinci. Já dava para notar no início da aula. Logo na entrada, os estudantes, em grupinhos, cochichavam e não desviavam os olhos do garoto. No intervalo, foi só ele pôr os pés fora da sala de aula para atrair todos os olhares, principalmente os das meninas. Uma professora de biologia me conta que já tem adolescente paquerando o novato. Ela conheceu o menino no terceiro horário.

— As próprias alunas o apresentaram a mim, mas com o nome de Osvaldo — destaca a educadora.

Na lista de presença da escola, o filho de Lia e Jayro tem o nome dado por Vilma. Ele não esconde que prefere ser chamado de Osvaldo ou Júnior. Mas se acostumou com Pedrinho.

O garoto jura que não tem namorada em Brasília ou em Goiânia. E diz ter gostado das novas colegas brasilienses.

— É, tem muita menina bonita aqui.

As meninas também gostaram dele.

— Ele é gatinho e parece ser muito maduro — declara uma colega de turma, que prefere não ter o nome publicado, nem que ele saiba da declaração de outra forma, pelo menos por enquanto.

Os meninos da escola é que talvez não estejam gostando tanto assim do novo e famoso colega.

— Ele mostrou ser meio metidinho, mas parece ser legal — comenta, sem entusiasmo, um colega de dezessete anos.

A mudança de Pedrinho para Brasília também significa um distanciamento maior da família goiana. O adolescente não toca no nome da mulher que o criou nem quando está a sós com os pais. É evidente o desgaste na relação com Vilma Martins. Desde que foi presa, em 13 de maio, Vilma só recebeu a visita dele três vezes. A última foi no domingo antes de Pedrinho se mudar para Brasília. Ele ficou um mês sem ver Vilma.

A verdadeira mãe de Pedrinho não pôde curtir os primeiros dias do filho em casa e na escola. Converso com ela por telefone, pois está em Campinas com a filha Cristina, que se mudou recentemente para a cidade paulista, onde fará mestrado em Letras. Lia garante que estará em Brasília em 10 de agosto, para comemorar o primeiro Dia dos Pais de Jayro com Pedrinho.

Pedrinho aproveita a folga da tarde para escolher um curso de inglês, na QI 4 do Lago Norte, próximo de casa. No fim da tarde, Jayro, Pedrinho e Dudu fazem uma caminhada pelas ruas do bairro. Típico programa de uma família da região.

41 – Isolamento

Christiane Michelle está proibida de visitar a mãe na cadeia até 15 de agosto. A medida, divulgada em 5 de agosto, é resultado da sindicância feita pela direção da Casa de Prisão Provisória de Aparecida de Goiânia, para apurar as circunstâncias de uma briga entre duas filhas de Vilma e outras detentas em 20 de julho.

Christiane e a irmã Roberta Jamilly aproveitaram o horário de visitas para revidar agressões e ameaças que teriam sido feitas à mãe por outras detentas. As duas presas envolvidas na confusão perderam o direito de receber visitas por quinze dias.

— A medida é um corretivo disciplinar previsto por lei — explica o assessor de Segurança da CPP, tenente Samuel Arthur Bernardes.

Roberta Jamilly escapa da punição.

Mas parece não haver limites para Vilma Martins. Ela apronta tanto em três meses na CPP, que a direção do presídio resolve colocá-la em uma cela isolada.

A medida foi tomada depois que ela brigou com duas detentas em 9 de agosto, um sábado. A confusão teve início pela manhã, após as presas lerem a entrevista de Vilma publicada em um jornal de Goiânia. O texto e as fotografias mostravam uma mulher sofrida, em posição de vítima. Vilma declarou que estava marcada para morrer. Mas não revelou os nomes das pessoas interessadas em sua morte nem os motivos para o crime. Disse ainda que foi extorquida por uma colega de cela. Afirmou ter pago R$ 500 à presa para dormir em uma cama. Duas detentas foram tirar satisfação por causa da entrevista. Vilma, que estava em uma cadeira de rodas, imediatamente se levantou e jogou um ferro de passar roupas nas duas presas. Elas conseguiram se desviar do aparelho, que acabou em pedaços ao bater no chão.

O diretor da CPP relata que Vilma pegou os cacos e se cortou levemente para simular uma agressão. A tentativa de agressão de Vilma foi vista por agentes penitenciários, que imediatamente a levaram para outra cela.

— Vamos abrir sindicância e decidir o que fazer com a dona Vilma. Por enquanto ela permanecerá no castigo — afirma o capitão Katayama.

Vilma está sozinha na cela reservada a encontros íntimos. Agora, dorme em uma cama de casal, mas tem banhos de sol e horários para telefonemas reduzidos. Ela não tem mais contato com nenhuma presa e pode sair da cela apenas das 7 às 9 horas da manhã. O diretor do presídio diz que Vilma mente sobre as ameaças e risco que corre na CPP.

— Se fosse verdade, ela teria me pedido para ser transferida de cela — ressalta Katayama.

Para ele, Vilma decidiu conceder entrevista e simular uma agressão na tentativa de sensibilizar a opinião pública e os juízes goianos, já que pelo menos um dos seus crimes deve ser julgado ainda neste mês.

O advogado de Vilma, Max Lânio Leão, sustenta que a cliente corre risco de morte na prisão.

— Ela é vítima de perseguição no presídio. O episódio de sábado reforça isso.

Ele vai pedir a Sérgio Katayama e ao presidente da Agência Prisional de Goiás, Edemundo Dias de Oliveira Filho, providências em relação às supostas ameaças a Vilma.

Mesmo com pouco tempo de presídio, Vilma conseguiu motivar o primeiro abaixo-assinado de presas contra uma colega. Sérgio Katayama recebe uma carta assinada por quarenta e oito das cinquenta e nove detentas da CPP. Elas pedem ao diretor do presídio o afastamento de Vilma das atividades comuns às presas, entre elas o banho de sol.

— A dona Vilma está me dando mais trabalho do que muita assassina e assaltante que passou por aqui — queixa-se o diretor da unidade prisional.

No domingo após a briga Vilma recebeu a visita apenas de uma de suas irmãs e da filha de criação Roberta Jamilly. No mesmo momento, em Brasília, outro filho de criação de Vilma, Pedrinho curtia o primeiro Dia dos Pais com o seu verdadeiro pai.

42 – A primeira sentença

Oito anos e oito meses, em regime semiaberto. O juiz da 10ª Vara Criminal de Goiânia, Adegmar José Ferreira, assina a sentença de Vilma Martins Costa na tarde de 24 de agosto 2003. A pena diz respeito à subtração de incapaz e registro falso de Pedro Rosalino Braule Pinto, o Pedrinho.

Vilma se livra da condenação em regime fechado porque o juiz desconsidera a denúncia do crime de sequestro, feita pelo Ministério Público do Distrito Federal e endossada pelo Ministério Público de Goiás. A acusação inicial de sequestro e cárcere privado é desclassificada porque o magistrado considera a conduta de Vilma ato de subtração, que significa tirar, retirar, deslocar o incapaz para outro lugar com ou sem violência física ou moral. Embora tenha negado, as provas no processo demonstraram que Vilma esteve na maternidade na data do sumiço do recém-nascido, tendo sido, inclusive, reconhecida por mais de uma testemunha.

Apesar de escapar de uma condenação por sequestro, a ex--empresária não tem muito a comemorar. Ela continua atrás das grades, na Casa de Prisão Provisória, pelo menos até a sentença de outros dois processos, instaurados também na capital goiana. Caso seja condenada de novo Vilma perde o direito à semiliberdade, pois ultrapassa o máximo de oito anos considerados para a concessão do benefício. Como as penas são cumulativas, ela pode receber sentença total superior a vinte anos.

Vilma Martins ainda é ré no processo que apura o roubo da recém-nascida Aparecida Fernanda Ribeiro da Silva, em 1979, em Goiânia. Nesse caso, Vilma também se livrou da acusação de crime de sequestro. Ela responde por subtração de incapaz e pelo registro falso da criança, o que pode lhe render mais oito anos de cadeia.

Em outro processo Vilma é acusada de falsificar procurações para abertura de contas bancárias. A denúncia foi feita pelo tabelião Brasilmar Queiroz, do Cartório de Notas Vila Brasília, em Aparecida de Goiânia. As procurações, supostamente assinadas por Roberta e Pedrinho, davam amplos poderes a Vilma.

No caso Pedrinho, pela subtração de incapaz, o juiz condena Vilma a um ano e oito meses de prisão. "Ela subtraiu o menor da maternidade em Brasília. Já tinha inventado para o companheiro uma suposta gravidez e depois apresentou Pedrinho como filho do casal", escreve o juiz na sentença.

Para o magistrado, não restam dúvidas de que Vilma fez tudo de forma pensada. "A acusada planejou meticulosamente suas ações, se deslocando até Brasília e sorrateiramente enganou a todos (seu irmão Sinfrônio, a vigilância do hospital, a avó e a mãe do menor) e, colocando-o no interior de uma sacola, manteve o mesmo fora do controle dos pais por mais de quinze anos. É pessoa penalmente imputável e tinha plena consciência da ilicitude de suas condutas, agindo, portanto, com dolo direto e intenso."

Ainda na sentença, o juiz não poupa adjetivos para descrever a personalidade de Vilma. "Registram os autos em várias passagens que a acusada agiu imbuída de sentimentos de perfídia, demonstrando ser uma pessoa ardilosa e inadaptável ao convívio social. É portadora de personalidade desviante, voltada à prática de atos criminosos recheados de matreirice, engodo e subterfúgio. Subtraiu o menor dos braços da mãe sem dó e nem piedade e ao longo de todos esses anos o manteve como filho, simplesmente com o propósito de laçar o amante e destruir seu casamento. Pensou, portanto, só em auferir vantagens. Não houve qualquer motivo que pudesse justificar a conduta da acusada. Muito pelo contrário, consta que era mãe de outras filhas e Osvaldo por sua vez tinha filhos com sua primeira família. Portanto, injustificável sua conduta."

Adegmar José Ferreira também ressalta os efeitos dos atos de Vilma Martins Costa. "As consequências da ação delituosa levada a efeito pela acusada foram avassaladoras não só em relação aos pais do menor, mas ao próprio menor que ao longo de todos os anos se viu impedido de desfrutar o carinho puro e sincero de seus entes queridos decorrente do direito natural do *ius sanguinis* (direito de sangue). As circunstâncias motivadoras da ação delituosa por parte da acusada chegam às raias do limite da estupidez humana (egoísmo e irracional)."

Por falsificar a certidão de nascimento do garoto — que ela registrou em um cartório de Goiânia com o nome de Osvaldo Martins Borges Júnior, como se fosse seu filho legítimo com o fiscal da Receita de Goiás Osvaldo Borges —, o juiz condena Vilma a pena de sete anos. Como na decisão sobre o crime de subtração, o magistrado não economiza nas justificativas. "Agiu a acusada, utilizando-se de subterfúgio em relação ao companheiro Osvaldo Martins Borges. Fingiu ter dado à luz uma criança e ao retornar da viagem fez com que o mesmo acreditasse ser o menor subtraído seu filho, levando-o a registro e para tal deu-lhe o nome. O oficial do Cartório de Registro Civil foi igualmente levado a erro. O grau de culpabilidade com o qual a acusada praticou tal conduta é por demais intenso."

O juiz Adegmar José Ferreira volta a usar uma série de adjetivos ao falar de Vilma Martins. "(Vilma) é portadora de conduta social desviante e tendente à prática de crimes e parece sentir prazer pelo sucesso de suas mirabolantes atitudes; demonstra ser portadora de sério desvio de personalidade consistente em atitudes reprováveis ao convívio social, demonstra matreirice, age quase sempre de forma escamoteada e tomada de sentimento maledicente, visando sempre auferir vantagens; não havia qualquer motivo justificador das condutas levadas a efeito pela acusada, a não ser aqueles próprios de sua mente atribulada em querer segurar o companheiro, usando para tal um suposto filho do casal. Ademais, ambos tinham outros filhos."

Mais uma vez, o magistrado destaca terem sido "avassaladoras nas vidas das vítimas" as consequências dos crimes atribuídos a Vilma. "Anos a fio os pais choraram desesperadamente pelo filho. Pessoas foram presas e perseguidas pela polícia como possíveis autores do crime. Ao longo dos anos a acusada enganou a si mesma e a todos que se encontravam ao seu redor, inclusive o estado, falseando a verdade perante o oficial de Registro Civil."

Por fim, o juiz exime Osvaldo Martins Borges de qualquer culpa pelo rapto de Pedrinho e o registro do menino como seu filho legítimo com Vilma. "A participação das vítimas. Em nenhum momento elas contribuíram para que os fatos viessem a acontecer. Em Brasília estavam desesperadas à procura do filho, enquanto a acusada, em Goiânia maquinava o registro da criança, usando como instrumento seu companheiro Osvaldo Martins Borges, que também foi mais uma de suas vítimas."

As decisões do juiz se baseiam nos depoimentos dos acusados, das vítimas e testemunhas, além da denúncia feita pelo Ministério Público, que sempre defendeu haver provas suficientes sobre o rapto cometido por Vilma em 21 de janeiro de 1986, nas dependências da então Casa de Saúde e Maternidade Santa Lúcia.

Como acusou a promotoria e entendeu o magistrado, Vilma entrou naquele que viria a se chamar Hospital Santa Lúcia para executar um plano elaborado havia meses e que tinha por etapa final apoderar-se de um recém-nascido. No entendimento do Ministério Público, em uma ação dissimulada, a denunciada tirou proveito da confiança natural entre pacientes e profissionais de saúde para impedir reação de Maria Auxiliadora Rosalino Braule Pinto. Vilma criou várias situações aparentemente rotineiras em um hospital, fazendo com que Otalina Santana Rosalino — a mãe de Maria Auxiliadora, morta antes da descoberta do paradeiro do neto — deixasse o apartamento para buscar uma encomenda anunciada pela acusada. Enquanto isso, só e em companhia de Vilma, Maria Auxiliadora acabou ficando nua para a realização de supostos exames por ela indicados.

"Vilma pretendia com isso impedir uma ação imediata, tão logo fosse descoberta a ausência do recém-nascido do ambiente hospitalar. Tendo obtido sucesso na dissimulação que ilaqueou a boa-fé da mãe e da avó da criança, Vilma apoderou-se de **Pedro Rosalino Braule Pinto** sob o pretexto de levá-lo para exames. Contudo, cessada a vigilância da mãe, colocou-o numa sacola, dirigindo-se incólume a um estacionamento próximo, onde seu irmão, Sinfrônio Martins Costa, sem saber o que se passava, a aguardava em um veículo, no qual os três se deslocaram para Goiânia", escrevem na denúncia os promotores do caso.

Para garantir o segredo e a impunidade, Vilma, de acordo com os acusadores, apresentou a criança a Osvaldo Martins Borges, que estava convencido da gravidez, sem quaisquer razões para duvidar do parto e da paternidade que lhe fora atribuída. Induzido pela mulher, Osvaldo foi ao Cartório do 1º Registro Civil e Tabelionato de Notas de Goiânia, em 2 de abril de 1986, onde registrou a criança como filho legítimo do casal, nascido em domicílio e de parto natural, dando-lhe o próprio nome: Osvaldo Martins Borges Júnior. "Registrado como filho próprio, Vilma Martins Costa assegurou a torpeza dos motivos determinantes do seu crime: Osvaldo Borges, seduzido naturalmente pela nova família, separou-se de Cleonísia de Oliveira Borges, com quem estava casado havia mais de vinte e nove anos e de cuja relação resultaram cinco filhos, consolidando seu relacionamento com a acusada, com quem passou a viver sob o mesmo teto até a morte. Por mais de dezesseis anos, Vilma Martins Costa manteve e reteve **Pedro Rosalino Braule Pinto** como sendo **Osvaldo Martins Borges Júnior**, privando-o de todos os direitos inerentes ao seu estado civil e à sua personalidade, inclusive a liberdade de ir, vir e ficar com seus pais verdadeiros", destaca a acusação do Ministério Público.

Jayro Tapajós Braule Pinto é o único da família verdadeira de Pedrinho a comentar a sentença contra Vilma. Ele evita falar da mulher acusada de sequestrar seu filho. Frisa que a decisão judicial será importante para a troca da documentação do adolescente.

— Não estamos preocupados com a pena determinada pelo juiz. Pra gente essa história foi resolvida no dia em que ele veio morar conosco. Só esperávamos a sentença para alterar o sobrenome do Pedro nos documentos. Quero que tudo seja regularizado antes que ele se aliste para o Serviço Militar — afirma Jayro.

Morando definitivamente na residência dos pais biológicos há um mês, Pedrinho se recusa a dar entrevista sobre a condenação da mãe de criação. Ele fica recluso em casa, no Lago Norte. De acordo com Jayro, o jovem está aliviado com a decisão pelo regime semiaberto.

Em Goiânia a notícia é recebida com indignação por Roberta Jamilly e Christiane Michelle. Ambas tomaram conhecimento da condenação de Vilma pelo advogado Max Lânio Silva Leão. Ele foi pessoalmente à casa delas.

O próprio Max Lânio diz estar assustado. Ele esperava uma sentença menor pelo fato de o juiz não ter acatado a denúncia de sequestro.

— Independentemente da condenação, vamos recorrer — garante aos jornalistas.

O Ministério Público de Goiás também pode recorrer da sentença. Pedir uma pena maior baseado na tese de que houve, sim, um sequestro.

43 – Um ano depois

Faz quase um ano que Jayro e Lia reencontraram Pedrinho. Antecipo-me e proponho à minha chefia a produção de uma reportagem especial, a reconstituição da incrível história de Pedrinho. Compram a minha ideia imediatamente. Querem uma semana de matérias, com até quatro páginas em um dia, no domingo, a estreia. Mas só tenho uma semana de apuração. Pouco para ouvir tanta gente, checar tanto documento e escrever tantas páginas. Logo aparece a solução. Cristine Gentil, a coordenadora do caderno Cidades, a mesma que havia me acordado e mandado ir para o aeroporto e seguir para Goiânia no primeiro voo, atrás de Pedrinho, há quase um ano, se voluntaria. Quer deixar o ar-condicionado por uma semana para exercer a função de repórter. Pede para entrevistar Lia, Pedrinho, Jayro e os seus familiares de Brasília. Fico com a polícia, a Justiça e o núcleo goiano da história. Temos uma lista com mais de trinta nomes para encontrar e conversar. Começo pela Delegacia de Homicídios de Brasília, onde teve fim a investigação. Cristine dá início ao trabalho na casa dos Braule Pinto.

Jayro e Lia abrem a porta e os corações à Cristine. Ela comprova o estado de paz plena do casal. Ao chegar a residência da família, Cristine vê na parede da sala o que hoje é o diário ilustrado de um ano feliz. Lembranças impressas em fotografias e imagens de gente sorridente compõem um mural feito para mostrar que a presença de

Pedrinho tornou aquela família completa. Ocupa lugar nobre, logo na entrada, o exame de DNA, emoldurado e exibido com orgulho. No próximo sábado faz um ano que esse laudo chegou às mãos de Lia e Jayro, decretando o fim do luto imposto pela ausência do filho por quase dezessete anos.

Lia tem hoje a seu lado Pedro Júnior Rosalino Braule Pinto, o nome escolhido por ele próprio para ser sua nova identidade. De Lia, usa o sobrenome Rosalino. Do antigo nome, Osvaldo Martins Borges Júnior, manteve o que o vincula aos amigos de Goiânia, à lembrança do pai de criação e ao seu próprio passado.

Na casa da família, no Lago Norte, a vida que se leva é apenas a do tempo presente. Lia deixa para trás, aos poucos, a lembrança doída de uma época em que não havia sonho sem imagem de bebê, nem um olhar que não fosse de busca. A falta do filho, sequestrado no Hospital Santa Lúcia horas depois de nascer, em 21 de janeiro de 1986, fez Lia padecer em uma intensidade que ela nunca supôs ser possível. Mas ela nunca perdeu a fé.

— Deus não me deu um filho para eu não conhecer— pensava.

E, aos poucos, ela está conhecendo.

Morando em Brasília desde julho, Pedro integrou-se à família como se nela sempre estivesse estado. Faz carinho na mãe como se pudesse compensá-la de todo o sofrimento. E pode. Lia está feliz. Os olhos irrequietos já podem pousar sobre Pedro e parar ali. Por quantas vezes ela pensou no adulto chegando já com os filhos prontos? Ou no adolescente criado no estrangeiro que falaria uma língua que não era dela? Pensou sempre que estivesse vivo e que um dia o encontraria. Só uma coisa nunca imaginou: a mãe que o tinha nos braços era a mulher que o roubou dos seus.

Mesmo após reencontrar o filho, Lia teve de suportar um desgosto inimaginável. Temia que Vilma Martins Costa pudesse fazer um mal maior ainda ao menino roubado. Hoje está presa, condenada por quase todos os crimes que cometeu. Isso não paga a pena imposta às famílias que destruiu para fazer a sua. Não parece arrependida. Recentemente, em entrevista a um jornal goiano, respondeu o que vai fazer quando sair da prisão:

— Começar tudo de novo.

Faz quase um ano do início de uma nova história e já se sabe muito mais sobre como se chegou ao paradeiro de Pedrinho. Dos detalhes da investigação à biografia de Vilma Martins. Suspeita-se de que a família de Osvaldo sabia da verdade e que esperou a morte do patriarca para relatar o caso. Sabe-se que Pedro nunca se negou a fazer o exame de DNA. Que os irmãos de Brasília sentiram um misto de felicidade e ciúme com a chegada dele. E que as irmãs de Goiânia se ressentem por ele ter hoje pouco contato com a mãe de lá.

Pedro também já começa a saber mais sobre seu passado, escrito em livro pela mãe. Livro que começou a ler no Dia das Crianças, 12 de outubro, quando ganhou uma cachorrinha de presente. Batizou a labrador de Shakira, nome da cantora colombiana radicada nos Estados Unidos que faz sucesso em todo o mundo. Pedrinho já ri do assédio que ainda sofre nas ruas, engordou alguns quilos, brinca com o pai Jayro sem ter noção exata de quanto ele foi fundamental para manter a família unida e em pé nos anos em que esteve fora.

Aos poucos vai conhecer a história que não viveu. Enquanto isso segue refazendo sua vida, a de seus pais e irmãos e acompanhando a distância o que ficou de seu passado. Não renega a antiga família, mas adotou a outra de vez. Para quem espera o desfecho feliz dessa história, como Dulcinéia, irmã de Lia, a impressão é de que aquele menino sempre esteve naquela casa, tamanha e tão rápida foi a adaptação dele.

Para se ter a exata dimensão do que significou para a família Braule Pinto todos esses anos de procura e o reencontro, o próprio Jayro resume:

— Entre num túnel bem escuro, viva lá dezesseis anos e depois veja a luz. Foi essa a sensação que tivemos.

Para a cidade que torceu de longe e se emocionou, está tudo onde sempre deveria ter estado neste quase romance. Lia e Jayro já não carregam o peso de ter um filho sem saber onde ele está. Vilma está na cadeia. Pedrinho está em casa.

44 – Pena reduzida

Tem início a expectativa pelo julgamento dos recursos da defesa de Vilma Martins, presa há um ano. O Tribunal de Justiça de Goiás começa a julgar em maio de 2004 os pedidos da defesa, que tem como meta absolver a ex-empresária, anular o processo ou, pelo menos, reduzir as penas.

O primeiro será analisado em 27 de maio e trata do processo do caso Pedrinho em que ela foi condenada a oito anos e oito meses. O desembargador Paulo Teles será o relator da apelação, apresentada pela advogada Rosângela Magalhães.

— A penalidade para registro falso é de dois a seis anos, e não sete como o juiz arbitrou — sustenta a advogada Rosângela, que entende ainda que o crime de subtração de incapaz prescreveu há mais de dezesseis anos.

A defensora diz também que Vilma, portadora de diabetes e hipertensão, reclama do atendimento médico na cadeia. Conta que a ex-empresária tem um aneurisma e terá de se submeter a uma cirurgia para evitar um derrame.

Vilma consegue uma vitória na Justiça de Goiás em 28 de maio de 2004. Os desembargadores reduzem em três anos e seis meses a pena imposta à ex-empresária no caso do sequestro de Pedrinho. O relator

Paulo Teles acata uma das alegações da defesa. Ele entende que o crime de parto suposto já prescreveu, pois ocorreu há mais de oito anos. Por isso, decreta extinta a punibilidade da ex-empresária com relação a esse delito. Outros dois desembargadores da 2ª Câmara Criminal do Tribunal de Justiça (TJ) de Goiás acompanham o voto de Teles. O parto suposto havia rendido três anos e seis meses de cadeia a Vilma.

O Ministério Público de Goiás informa que vai recorrer da decisão. Mesmo com a redução da pena, a advogada de Vilma também diz que pretende recorrer da decisão ao Superior Tribunal de Justiça (STJ).

Pouco mais de dez dias depois, Vilma Martins consegue nova vitória na Justiça goiana. Ela tem a pena reduzida em seis meses no processo em que foi condenada por registro falso de Aparecida Fernanda Ribeiro da Silva. A decisão dos integrantes da 2ª Câmara Criminal do Tribunal de Justiça de Goiás é unânime.

Somadas, as condenações de Vilma em primeira instância renderam dezenove anos e nove meses de cadeia. Com os recursos ela já conseguiu reduzir a pena em quatro anos. Ainda assim, a advogada Rosângela Magalhães diz que apelará ao STJ.

— A condenação do caso Roberta foi baseada em prova material colhida de forma ilegal — sustenta a advogada referindo-se ao exame de DNA feito a partir de bitucas de cigarro deixadas por Roberta na delegacia e usadas pela polícia para provar que a jovem não era filha biológica de Vilma.

O relator do caso Roberta, desembargador Jamil Pereira de Macedo, considera as alegações da defesa de que Vilma encontra-se gravemente doente, hipertensa, quase imobilizada numa cadeira de rodas. E observa que a sentença condenatória de Vilma estava embasada em farto material probatório, não deixando qualquer dúvida sobre a exata identidade de Roberta e sua filiação, sob os pontos de vista oral e documental.

— Por questão humanitária, a pena não deveria ultrapassar a média da máxima com a mínima (de dois a seis anos), motivo pelo qual reduzo a pena em seis meses, ficando a condenação definitiva em quatro anos de reclusão — escreve Jamil de Macedo na decisão.

Mesmo debilitada, Vilma comemora na cadeia. Após punições administrativas por causa dos jogos e das brigas, ela vive em paz com as colegas do presídio.

45 – Drama revivido na tela

Na Rede Globo estreia em junho uma novela das oito, que curiosamente sempre começa apenas após as 9 horas da noite. E ela deve manter os altos índices de audiência de *Celebridade*, ao menos no Distrito Federal. A trama de *Senhora do Destino* se parece, e muito, com um dos maiores dramas vividos pelos brasilienses.

Os primeiros capítulos mostram o sequestro de um bebê. O crime é cometido por uma mulher que se faz passar por enfermeira. Tudo para manter o relacionamento com o amante. Cenas que remetem à história real de Pedrinho.

A nova novela atrai a atenção do público e preocupa os advogados de Vilma. Eles acreditam na interferência da trama no julgamento dos recursos. Rosângela Magalhães diz que vai se reunir com Vilma, na cadeia, para discutir o que fazer.

— Não fomos procurados por ninguém da TV. O pior é que eles pegam uma história real e contam como bem entendem — lamenta a advogada.

O autor de *Senhora do Destino*, Aguinaldo Silva, nega que tenha copiado a história de Vilma.

— Na verdade, me inspirei em vários casos semelhantes, em especial o de Carlinhos.

Carlinhos foi sequestrado no Rio de Janeiro, aos dez anos de idade, e nunca mais foi visto. Já a família de Pedrinho, que também não foi consultada, garante que nada vai fazer a respeito. A mãe do garoto espera apenas que a novela "traga esperança para os pais de crianças desaparecidas". Ela diz ainda que gostaria de ver na trama uma campanha para encontrar crianças sumidas. Lia não esconde que ficou surpresa ao ver pela primeira vez a propaganda de *Senhora do Destino* com cenas do roubo de um bebê.

— Notamos que o começo do enredo é muito parecido com o sequestro do Pedrinho.

Disposta a usar qualquer artifício para deixar de ser uma mulher da vida, Nazaré (interpretada por Adriana Esteves) sequestra o bebê de Maria do Carmo (Carolina Dieckman) e finge uma cena de parto para o amante, José Carlos Tedesco. Este, sem saber que Nazaré é uma profissional do sexo, se sensibiliza com o nascimento da criança e é também fisgado pela arte de amar de sua amante que, mesmo depois de ter dado à luz uma criança — pelo menos é o que ela finge para José Carlos —, puxa-o para seus braços e não mede esforços para conquistar seu homem. José Carlos acaba dizendo à amante que vai largar a família para ficar com ela, e Nazaré (que será representada depois por Renata Sorrah), por sua vez, consegue conquistar seu objetivo. Essas cenas são exibidas logo nos primeiros capítulos da novela.

No capítulo de 5 de outubro da novela da vida real, o Tribunal de Justiça de Goiás mantém a condenação de Vilma a seis anos e sete meses de reclusão no processo por fraude de documentos públicos em nome de Pedrinho e de Roberta Jamilly. A defesa promete recorrer da sentença.

O desembargador Jamil de Macedo não acata o argumento da defesa, que pediu a reavaliação da sentença em razão da falta de perícia nos documentos falsificados. Segundo Jamil, Vilma destruiu os originais e apresentou à Justiça apenas cópias.

A novela em que Vilma roubou o papel de protagonista de Pedrinho esquenta mais em 26 de novembro, quando o delegado Antônio Gonçalves pede ao Instituto de Criminalística a coleta de sangue da diarista Otília Aparecida dos Santos, de cinquenta anos, para realização de exame de DNA. Moradora de Santana de Parnaíba, no interior paulista, a mulher suspeita de que Christiane Michelle Martins da Silva, registrada como filha de Vilma, possa ser sua filha, dada como morta há trinta e um anos.

O drama de Otília Santos começou em 11 de março de 1973, quando ela deu à luz a primeira filha, no Hospital São João Batista — hoje Hospital Itatiaia —, no bairro da Lapa, em São Paulo. A menina nasceu de parto normal. Uma enfermeira da unidade, segundo a diarista, informou-lhe logo após o parto que o bebê passava bem. No entanto, cerca de cinco minutos depois levaram até ela uma criança morta, com as mãos frias.

Otília nunca acreditou que a filha tivesse morrido, pois o período em que permaneceu distante da recém-nascida seria insuficiente para que o cadáver tivesse esfriado. Além disso, segundo informou, ela não participou do enterro do bebê nem teve acesso à certidão de óbito. No ano passado, ao ler uma reportagem publicada em um jornal paulista que relatava a suspeita de que Christiane não seria filha de Vilma e ver uma foto da jovem, Otília disse que sentiu "uma emoção rara, um arrepio, uma dor no peito".

Ainda em 2003, Otília escreveu uma carta para o delegado Antônio Gonçalves, na qual narrou o seu drama e pediu a abertura de investigação. O delegado orientou Otília a registrar a ocorrência na delegacia mais próxima ao hospital onde havia nascido a filha, dada como morta cinco minutos depois. Otília seguiu o conselho.

O delegado Edson Leal, da 7ª Delegacia Policial de São Paulo, na Lapa, enviou carta precatória a Antônio Gonçalves pedindo providências para a realização do DNA. Ponta de cigarro. Antônio Gonçalves tem um trunfo, guardado desde fevereiro do ano passado, quando provou que Roberta Jamilly era, na verdade, Aparecida Fernanda Ribeiro da Silva, filha da dona de casa Maria Francisca Ribeiro da Silva.

Na época, os agentes da Deic coletaram duas pontas de cigarro, uma dispensada por Roberta Jamilly e a outra por Christiane, durante depoimento na delegacia. Os dois tocos de cigarros passaram por exame no Instituto de Criminalística de Brasília.

— Temos a cadeia genética de Christiane Michelle, conta Antônio Gonçalves. Os dados da jovem que Vilma também jura ser sua filha podem ser confrontados com o material de Otília Santos — explica Antônio Gonçalves, que trata o caso com muita cautela.

— Estamos apenas cumprindo uma carta precatória. Vamos tomar as medidas legais para não constranger ninguém — destaca o delegado.

Determinada, Otília viajou cerca de mil quilômetros na companhia da filha Vera Lúcia Santos, de vinte e quatro anos, e da neta de quatro anos para conversar com o delegado e fazer a coleta do sangue, em Goiânia. A viagem custou R$ 350. Otília ganha R$ 420 por mês. Recentemente, ela conseguiu comprar um lote. Enquanto não conseguem construir a casa de seus sonhos, Otília e o marido moram em um cômodo de madeira erguido sobre o terreno. A diarista acredita que sua vida não terá grandes mudanças, caso o exame de DNA seja positivo.

— A Christiane foi criada pela Vilma e a ama como mãe — acredita.

Otília acrescenta, porém, que não pode mais conviver com a dúvida.

Já estamos no fim de novembro de 2004. Na enfermaria da Casa de Prisão Provisória (CPP), a detenta Vilma Martins Costa não perde um capítulo da novela *Senhora do Destino*, que estreou em junho. Ela não economiza nos xingamentos contra o autor da trama,

Aguinaldo Silva, cada vez que aparece a vilã Nazaré, interpretada por Renata Sorrah.

Após roubar a pequena Lindalva de Maria do Carmo, Nazaré matou o marido, um taxista e uma ex-amiga. Ela ainda falsificou a assinatura da amiga assassinada para roubar-lhe a poupança e transou com o gerente de um banco para liberar o seguro de vida da enteada. Também extorquiu Maria do Carmo (Suzana Vieira). E mentiu bastante.

Sem os telefones do autor da novela e impedida de acessar a internet para mandar um *e-mail* a Aguinaldo Silva, Vilma desabafa com as duas colegas de cela e até com o novo diretor do presídio, o capitão Anésio Barbosa da Cruz Júnior, para quem telefono ao saber da revolta de Vilma.

— Ela diz que não se identifica com a personagem porque nunca matou nem roubou — conta o militar.

Desde o começo do ano, Vilma trocou a cela comum, onde vivia com outras cinco detentas, pelo posto de saúde da CPP. Médicos atestaram diabetes, hipertensão e um aneurisma cerebral na presa, que divide a enfermaria com duas mulheres.

— Mas elas não têm regalias — garante o capitão Anésio Júnior.

Vilma dorme em uma cama comum e toma banho de sol três vezes na semana. Só pode usar o telefone uma vez a cada sete dias. As outras sessenta e três detentas, que estão em treze celas comuns, têm direito a dez horas de banho de sol por semana e acesso aos telefones públicos do presídio todos os dias.

A mãe de criação de Pedrinho não dá entrevista desde que foi presa e culpa a mídia pelas suas condenações. A advogada da detenta não descarta uma ação de indenização por danos morais por causa da história contada na novela da TV Globo.

— Vamos ver até onde essa história vai chegar. Já colocaram a vilã como assassina e ladra. Minha cliente está muito indignada — afirma Rosângela Magalhães.

A defensora conseguiu atenuar a condenação em dois dos três processos que levaram Vilma à cadeia. A pena diminuiu para catorze anos.

— Como ela está presa há um ano e meio, daqui a dez meses poderá entrar no regime semiaberto (apenas dormir na cadeia), explica Rosângela Magalhães, que recorreu ao STJ para tentar diminuir ainda mais as penas.

— Se os recursos forem aceitos, dona Vilma deixará de imediato a cadeia — completa a advogada.

Lia e Jayro também fazem de tudo para assistir *Senhora do Destino* todas as noites, na casa da família.

— O enredo já fugiu um bocado da nossa história, mas ainda há muitas semelhanças — avalia Lia.

As cenas que se parecem com o drama vivido pela família brasiliense arrancam lágrimas da mãe de Pedrinho.

— Já tive que sair da sala muitas vezes. A primeira, quando Lindalva (o bebê) foi roubada. E em todas as vezes que a mãe (Maria do Carmo) fica se lembrando da menina.

As cenas de 30 de novembro devem provocar fortes emoções em Lia. Lindalva, registrada como Isabel pela vilã Nazaré, saberá que a nova amiga Maria do Carmo na verdade é sua mãe biológica. A revelação será feita por Nazaré. A vilã alegará que a roubou na rua, a mando de José Carlos (o pai de criação da menina). Isabel fugirá do abraço de Maria do Carmo.

Na vida real, Pedrinho soube da sua verdadeira identidade por Vilma, no dia em que o caso veio à tona, em novembro de 2002. A sequestradora contou que seu marido, Osvaldo Martins Borges, havia recebido o menino de uma gari, em Brasília. Em um primeiro momento Pedrinho acreditou na mãe adotiva. Ficou ao lado de Vilma até ela ser presa.

Morando com os pais biológicos desde julho de 2003, Pedrinho tem um nome novo há seis meses. Do registro feito por Vilma, e cancelado pela Justiça, manteve o Júnior. Passou a se chamar Pedro Júnior

Rosalino Braule Pinto. Desde então, nunca mais viu Vilma. Com a troca de nome, o garoto, que estuda direito no Centro Universitário de Brasília (UniCeub), com *campus* na Asa Norte, não pode visitar Vilma no presídio. Só parentes de primeiro grau têm permissão para encontrar as presas na CPP. No entanto, um juiz goiano pode abrir exceção, caso receba um pedido formal.

Vilma há tempos também não vê a outrora filha mais próxima, Christiane Michelle, que no começo do ano se mudou para a Itália, onde teve um bebê com um italiano. Também minguaram as visitas de Roberta Jamilly, que mora em Goiânia. As únicas a verem Vilma com frequência são uma irmã e uma neta da detenta.

Em 6 de dezembro um médico diagnostica um aneurisma em Vilma Martins, mas ela se recusa a passar por uma cirurgia. A afirmação é da equipe médica responsável pelo atendimento aos detentos da Casa de Prisão Provisória.

— Se não for operada, pode ser que a doença evolua. Uma ruptura da artéria carótida seria fatal — afirma o cirurgião Adelvani Francisco Moratto.

Segundo o clínico geral Marcos Vinícius Oliveira Santana, Vilma prefere fazer a operação após deixar a cadeia.

— Ela disse que só fará uma intervenção quando puder ir para casa e tiver os cuidados dos filhos — completa o médico.

Vilma também sofre de hipertensão grave e diabetes tipo 2. A ex-empresária conta com uma vitória nos julgamentos de dois recursos encaminhados ao STJ para pleitear o benefício de cumprir a pena em regime semiaberto.

Na trama protagonizada por Vilma, uma das histórias tem final feliz para ela. O exame de DNA revela, em 16 de dezembro de 2003, que a empresária é a mãe de Christiane Michelle Martins da Silva.

A principal suspeita de falsa maternidade havia sido levantada pela diarista Otília Aparecida dos Santos.

Mais de vinte mães de diversas regiões de país haviam entrado em contato com a polícia goiana. Alegavam ser a mãe de Christiane. A maioria era de São Paulo, Bahia, Minas Gerias e Goiás. Antônio Gonçalves decidiu comparar o DNA da presidiária com o da jovem.

— Se fizéssemos o exame com Otília e o resultado não fosse positivo teríamos de fazer com as demais mães, por isso resolvemos verificar se a própria acusada não era realmente a mãe legítima — explica o delegado.

A advogada Rosângela Magalhães torce para que o novo capítulo da novela da vida real sirva para acabar com as especulações e acusações infundadas.

— Espero que agora tenhamos uma trégua. Quero que ela responda pelas acusações que estão nos processos. Essas suspeitas que surgem a todo momento infelizmente influenciam a Justiça.

Apesar de estar presa há apenas dois anos, Vilma pode obter a liberdade em 2005. O recurso no STJ foi distribuído e deve ir a julgamento no próximo ano. Outra possibilidade para a sequestradora sair da CPP é o regime semiaberto. Em seis meses ela terá cumprido um sexto da pena e poderá pleitear o direito à progressão de pena.

46 – Recuar para ganhar

Vilma Martins discorda das condenações a mais de quinze anos de cadeia pelos crimes de subtração de incapaz, simulação de parto e registro falso dos bebês Aparecida Fernanda Ribeiro da Silva e Pedro Rosalino Braule Pinto. Mesmo assim, decide mudar a estratégia de defesa. A pedido do novo advogado de Vilma, Nilson Pedro da Silva, o Superior Tribunal de Justiça (STJ) arquiva, em 24 de fevereiro de 2005, um recurso que tramitava para a revisão das sentenças.

— Ela já foi massacrada pela mídia e por essa novela (*Senhora do Destino*). Tem perdido todos os recursos. Não é o momento mais propício de tentarmos benefícios — explica o advogado, à frente do caso há dois meses.

— A desistência visa resguardar a imagem da minha cliente. Todos os recursos que apresentamos, em todas as instâncias, têm sido negados ou demoram muito para tramitar. Isso ia prejudicar minha cliente. Então, em janeiro, apresentei o pedido de desistência — completa Nilson da Silva.

Ao desistir do recurso pela revisão de pena, Vilma fica mais perto de conseguir a liberdade. Até que todos os processos pendentes na Justiça fossem apreciados, a prisioneira não poderia pleitear benefícios, como progressão de pena. Com a extinção de recursos pendentes, Vilma começa a se preparar para ganhar as ruas de Goiânia.

Depois de cumprir um sexto de sua pena, em dezembro, poderá progredir para o regime semiaberto. Isso significa que a detenta pode passar o dia fora, mas terá de voltar toda noite para a carceragem. Após garantir a progressão de regime para a cliente, o advogado pretende livrá-la definitivamente da cadeia.

— Quando ela estiver no semiaberto poderemos pedir a revisão criminal, que dá no mesmo que um recurso pela revisão da sentença. Só que a revisão tramita mais rapidamente. E temos pressa. Até agora não conseguimos a guia de execução provisória. Se já a tivéssemos conseguido, ela teria o indulto (perdão) em dezembro — analisa o novo defensor de Vilma.

Piora o estado de saúde de Vilma e ela é internada na noite de 24 de junho, sexta-feira, no Hospital e Maternidade Jardim América, em Goiânia. Ela chega em uma cadeira de rodas, com dores de cabeça e hipertensão. A detenta é atendida pelo neurologista Valdivino José Vieira, que decide interná-la durante o fim de semana. A ex-empresária faz endoscopia digestiva, ultrassom, exames laboratoriais e cardiograma. Escoltada por policiais e acompanhada por Roberta Jamilly, Vilma está no apartamento 115 do hospital. A previsão é de que faça exame de cateterismo — para diagnosticar e corrigir problemas cardiovasculares — e, segundo o especialista que acompanha o caso, deve ser liberada e voltar para a prisão na terça-feira.

— O estado dela não é grave, mas é uma paciente potencialmente de risco, uma vez que ela apresenta um quadro de depressão, anorexia, pressão alta e tem um aneurisma na cabeça — explica o neurologista.

Falta pouco para Vilma deixar a cadeia. Ela tem duas chances. A maior é com o benefício da semiliberdade. Em 25 de dezembro terá cumprido um sexto da pena de quinze anos e nove meses de prisão em regime fechado. Assim, poderá deixar o presídio. Terá apenas que passar as noites em um albergue, em Goiânia. A ex-empresária ainda tenta o indulto definitivo, que é concedido pelo presidente da República. Caso consiga o benefício, sob alegação de ter doença grave e precisar de cuidados médicos permanentes, a punição de Vilma será extinta.

Para dar entrada no pedido de benefícios, Vilma é examinada em 21 de novembro por uma junta médica. O laudo dos cinco médicos sai em, no máximo, dez dias. Em junho ela chegou a ser operada para corrigir problemas cardiovasculares. Agora, aparentemente, passa muito bem.

Desde que começou a cumprir pena, Vilma se queixa de dores de cabeça fortes e tem hipertensão. Também apresenta depressão, anorexia e tem um aneurisma na cabeça. Com isso, trocou as celas comuns da Casa de Prisão Provisória pelo centro de saúde do presídio.

— Ela divide uma cela com uma detenta que acabou de ter bebê. Ambas têm acompanhamento de enfermeiro vinte e quatro horas por dia — afirma o diretor da CPP, capitão Sanderson Arruda.

O diretor da cadeia acha que Vilma apresenta os requisitos para obter a semiliberdade a partir do Natal. Caso a junta médica dê parecer favorável à detenta, o Ministério Público de Goiás encaminhará ao juiz de Execuções Penais de Goiânia o pedido de cumprimento da pena fora do presídio. Como a CPP não tem celas para o regime semiaberto, a ex-empresária dormirá na Casa do Albergado, em Goiânia. E, na condição de doente, nem precisará trabalhar. Seus advogados pediram ainda que ela passe todo o regime semiaberto em casa.

Chega o Natal. Vilma completa um sexto da pena. De acordo com o relatório da Agência Goiana do Sistema Prisional, ela apresentou bom comportamento em seus dois anos e sete meses de prisão, o que lhe dá direito ao regime semiaberto. O juiz Wilson da Silva Dias, da 4ª Vara de Execuções Penais, tem cinco dias para analisar o processo e decidir se concede o benefício de progressão do regime fechado para o semiaberto.

Dois dias depois o magistrado atende aos pedidos dos advogados da ex-empresária. Com a decisão, Vilma trocará a CPP pela Casa do Albergado. A instituição recebe homens e mulheres que cumprem pena nos sistemas semiaberto e aberto. Ou seja, gente que pode passar os dias em liberdade, mas, à noite, deve retornar e dormir na instituição.

O juiz toma a decisão de progressão de regime após consultar a certidão carcerária de Vilma. O documento, elaborado pela direção da CPP, atesta que ela cumpriu um sexto da pena a que foi condenada e teve bom comportamento. Requisitos que o juiz considera suficientes para permitir que a ex-empresária seja mantida agora em uma ala separada na Casa do Albergado. Detalhe: em julho de 2003 Vilma foi acusada de promover jogos de azar e de vender cartões telefônicos e cigarros para obter regalias entre as demais detentas.

Em audiência com o juiz ela conhece as regras do regime semiaberto e as consequências em caso de descumprimento da decisão judicial. No novo regime o preso trabalha ou estuda durante o dia e volta à noite para a prisão. No caso de Vilma, as condições serão diferentes, uma vez que a ex-empresária não estuda nem tem uma ocupação profissional. Além disso, o único trabalho existente na Casa do Albergado é o de limpeza, que ela não deve fazer porque está doente.

Ainda serão definidas as condições e atividades que Vilma deverá fazer. Por ora, ela ficará em tempo integral na instituição e sairá apenas para receber tratamento médico. Como os demais detentos, Vilma só receberá visitas de parentes em primeiro grau.

Apesar da decisão favorável do juiz Wilson da Silva Dias, a defesa não está completamente satisfeita. Uma das advogadas de Vilma, Clélia Nunes Costa, promete ir à Casa do Albergado para verificar as condições da instituição. A advogada acredita que o local não oferece estrutura adequada à ex-empresária por causa de seu estado de saúde.

Entre as filhas de Vilma a revolta é ainda maior. Elas lutam na Justiça para que a mãe receba o benefício da prisão domiciliar (cumpra a pena em casa) ou do indulto humanitário (seja perdoada por causa da saúde precária). Para especialistas, o primeiro benefício não se aplica tecnicamente.

O pedido de indulto humanitário deve ser avaliado pelo Ministério Público de Goiás na próxima semana. Caso nenhum desses benefícios seja concedido, as filhas da ex-empresária tentarão conseguir na Justiça que a mãe fique em casa durante o dia e apenas durma na Casa do Albergado.

Entre os familiares de Pedrinho, o desapontamento não poderia ser maior.

— Nesse momento prefiro não comentar o assunto. Não quero expor minha família agora — diz o pai do garoto, por telefone, em um tom de voz indignado.

Por todos os crimes que cometeu, Vilma pegou quinze anos e nove meses de prisão. Desse total, cinco anos e dois meses, em regime semiaberto, são relativos à subtração de menor — no caso, Pedrinho. Os quase onze anos restantes, determinados em regime fechado, são pelo sequestro de Aparecida Fernanda e falsidade ideológica. O benefício de progressão de pena concedido pelo juiz se aplica à maior das duas condenações.

47 – Casa nova

As grades, os guardas armados e as cercas de arame farpado ficaram para trás. Após dois anos, sete meses e dezenove dias na Casa de Prisão Provisória, Vilma Martins Costa recebe o benefício de cumprir o resto da pena em regime semiaberto. Ela é transferida para a Casa do Albergado, no centro de Goiânia, no meio da tarde de 27 de dezembro de 2005. Agora, divide um pequeno quarto com cinco jovens detentas.

Pedrinho, com dezenove anos, vive com os pais verdadeiros, Lia e Jayro, no Lago Norte. Aparecida Fernanda, com vinte e sete anos, mantém o nome dado por Vilma. A jovem continua em Goiânia, dando total apoio à mulher que a roubou da maternidade. Roberta Jamilly aguarda pela chegada de Vilma no interior da Casa do Albergado.

A detenta está com o corpo totalmente envolto em um lençol azul. Apenas os pés são visíveis. A ex-empresária está magra e debilitada. Quando foi para a cadeia pesava cento e onze quilos. Ao chegar à Casa do Albergado pesa cinquenta e nove quilos, sofre de hipertensão, diabetes e aneurisma. Diz não ter força para caminhar e usa uma cadeira de rodas. Um agente carcerário a pega no colo e a carrega para dentro do abrigo, na Avenida Veneza. A operação causa dez minutos de congestionamento na via.

A nova casa de Vilma tem três quartos femininos, onde já vivem vinte e duas mulheres, e oito quartos masculinos, divididos por cento e setenta e seis homens, segundo o diretor da instituição, Rogério Barbosa de Sá. Os detentos podem sair durante o dia para trabalhar e estudar, mas são obrigados a voltar à noite para dormir. Eles não podem ir para casa ou a festas. Também têm direito de passar sete dias em casa cinco vezes ao ano, na chamada saída provisória. Vilma deve gozar desse direito nos próximos quinze a trinta dias, conforme adianta o juiz Wilson da Silva Dias.

A Casa do Albergado em nada lembra uma penitenciária. Não há muros ou policiais armados na portaria. O quarto onde Vilma foi instalada possui três beliches e um televisor de vinte polegadas. Não há vista para a rua, espelho, telefone ou aparelho de som. É um quarto escuro, com paredes amareladas. Talvez agora ganhe um ventilador, um dos objetos que Vilma levou da CPP. A mudança se completa com um colchão velho e uma tevê de catorze polegadas.

As filhas de Vilma e seus advogados afirmam estar preocupados com a saúde da detenta.

— Ela estava na enfermaria da CPP desde 27 de junho de 2003. Lá, pelo menos, sabíamos que estava bem cuidada. Estamos preocupadas porque aqui não tem tanta estrutura — diz Christiane Michelle.

O presidente da Agência Goiana do Sistema Prisional, Edemundo Dias de Oliveira, garante que a Casa do Albergado tem total condição de cuidar da saúde de Vilma. Ele explica que Vilma só poderá sair se provar que conseguiu um emprego ou está estudando. Caso contrário, terá que ficar vinte e quatro horas no local. As visitas são permitidas somente aos domingos.

Antes de ser transferida Vilma participa de uma teleconferência como juiz Wilson Dias, que está no 11º andar do Fórum de Goiânia. O magistrado faz uma série de recomendações. Explica que Vilma está sendo privilegiada em relação aos outros onze detentos que migraram para o regime semiaberto. Homens, todos foram transferidos para a Colônia Agroindustrial Prisional de Goiás, onde vão trabalhar durante o dia na roça, serão vigiados por policiais e estarão atrás de grades e muros. Vilma só não foi para lá porque a Colônia não tem ala feminina. A ex-empresária ouve tudo ressabiada. Sabe que jornalistas acompanham a audiência, que é pública, conforme frisa o juiz. Ela evita olhar para a câmera e chega a sair da sala. Acaba levando uma bronca de Dias.

— Isso vale para todos. Não vou explicar novamente — grita o magistrado.

Vilma volta, mas procura cobrir o rosto com as mãos.

— Eu não quero ser filmada. Acho que já paguei tudo o que fiz — rebate a mulher.

Dias explica que quer analisar o comportamento dela nas próximas duas semanas, antes de conceder a saída provisória de sete dias. Também diz que em dois anos ela poderá ir para o regime aberto. E em agosto de 2008 terá direito à liberdade condicional.

— Desde que cumpra com todas as exigências. Dona Vilma, você conquistou a progressão do regime. Mas tudo zerou. Começa agora uma nova etapa — conclui o juiz.

Pedrinho e seus pais preferem não comentar a saída de Vilma da cadeia.

48 – Tudo para sair

Ano novo, e a novela continua. O Tribunal de Justiça de Goiás nega *habeas corpus* em favor de Vilma Martins, em 3 de janeiro de 2006. Ela está internada no Hospital Jardim América, na capital goiana, com pressão alta e deve ficar pelo menos cinco dias longe da Casa do Albergado. O supervisor de Saúde da Casa do Albergado, Eduardo Bernardes Alves, optou pela transferência da presa porque havia riscos de um derrame.

A juíza substituta Eugênia de Oliveira Araújo, da Vara de Execuções Penais do Tribunal de Justiça de Goiás, concede a Vilma, em 11 de janeiro, a saída temporária por sete dias da Casa do Albergado. A defesa da ex-empresária alegou que ela já cumpriu mais de um sexto da pena e tem bom comportamento. Além disso, os advogados argumentaram que a saída serviria para que ela pudesse fazer exames e consultas médicas. Vilma deve deixar o albergue em dois dias e retornar em 20 de janeiro. Ainda não há decisão quanto ao pedido de prisão domiciliar da detenta.

Vilma Martins diz estar muito doente, mas quer trabalhar. Ela apresenta, em 10 de fevereiro, uma carta de emprego à direção da Casa do Albergado. A intenção das filhas de Vilma é de que a ex-empresária deixe o albergue para trabalhar em uma confecção de roupas como gerente, em Goiânia. Caso consiga o benefício, a ex-empresária deixará a Casa do Albergado às 8 horas da manhã e retornará às 6 horas da tarde.

Vilma faz tudo para se livrar da prisão. Ela deveria ter voltado em 29 de março, até as 8 horas da noite, à Casa do Albergado. A sequestradora passou a tarde em um hospital da cidade para ser submetida a uma cirurgia oftalmológica, que não requer internação. Depois, em vez de voltar para o albergue, seguiu para a residência da família.

Vilma está longe da cadeia há dez dias. Ela conseguiu o benefício de não se apresentar na Casa do Albergado por uma semana. O prazo venceu na segunda-feira, mas a detenta não retornou. O diretor da unidade, Rogério de Sá, resolveu esperar até quarta-feira por Vilma.

Irritado, Sá pretende repassar o caso ao juiz Éder Jorge, da 4ª Vara Criminal de Goiânia, responsável pela concessão de benefícios à ex-empresária. Segundo a Lei de Execuções Penais, presos que mostram bom comportamento e já cumpriram um sexto da pena têm direito a sair da prisão por uma semana até cinco vezes por ano.

— Se o juiz entender que foi uma falta grave poderá até determinar que Vilma perca a progressão de regime para o semiaberto e volte para o regime fechado — comenta Sá.

Informações extraoficiais passadas a funcionários da Casa do Albergado dizem que ela teria protocolado atestado médico na Justiça. Segundo o documento, ela permaneceria de licença por quinze dias para tratamento de saúde.

Em outra frente, os advogados de Vilma também tentam uma permissão para a ex-empresária trabalhar fora da prisão. Eles apresentaram um pedido ao juiz da 4ª Vara Criminal, mas Éder Jorge entendeu que ela não apresenta todos os requisitos exigidos pela lei. A defesa apresentou documentação na qual Vilma aparece como dona e administradora da Samambaia Confecções, que fica em sua residência. A ex-empresária alegou que trabalharia de segunda a sexta-feira, das 8 horas da manhã às 6 da tarde, e aos sábados, das 8 da manhã ao meio-dia. Éder Jorge entendeu que Vilma entrou em contradição ao dizer que pode trabalhar fora e, ao mesmo tempo, pedir autorização para fazer uma cirurgia por problemas de saúde.

— Ressalte-se, ainda, o fato de o trabalho ser na própria empresa da reeducanda, dificultando a aferição da sua presença no emprego, bem como a própria prestação dos serviços, pois as informações a respeito deverão ser prestadas por suas filhas. O apropriado seria o exercício da atividade laboral em obras ou serviços realizados por órgãos da administração direta ou indireta — argumenta o juiz na decisão.

Ela bem que tentou, mas não conseguiu dar um jeitinho de se livrar novamente da prisão. Vilma Martins voltou à Casa do Albergado por volta das 4h40 de 30 de março. Antes das 6 horas ela já havia saído para ser atendida em um posto de saúde. Ela alega que estava com pressão alta. Pouco depois das 8 horas da noite, já medicada e com a pressão controlada, ela volta de ambulância para a Casa do Albergado. Se não tivesse voltado, Vilma seria considerada fugitiva da Justiça. Mesmo tendo retornado, o diretor irá elaborar relatório sobre a ausência dela nesses dias e enviar ao juiz.

— Ela cometeu uma falta disciplinar e será submetida ao conselho de disciplina da Casa do Albergado — diz o diretor da unidade prisional.

Na segunda-feira a família da ex-empresária apresentou atestado de quinze dias comunicando que ela deveria se ausentar para tratar da saúde. Rogério de Sá autorizou apenas dois dias. Na tarde de quarta-feira ela se submeteu a exames oftalmológicos. No dia seguinte faria cirurgia de catarata. Mas as lentes necessárias à operação não chegaram ao hospital. Daí a decisão dela retornar ao albergue.

Os médicos remarcaram a cirurgia para a próxima quinta-feira. Até lá a família apresentará novo atestado de saúde. A falta disciplinar de Vilma poderá pesar na decisão do juiz sobre a terceira permissão para se ausentar da cadeia. Se o magistrado entender que a detenta descumpriu a obrigação de retornar à Casa do Albergado, ele poderá avaliar a conduta da ex-empresária como mau comportamento. Haveria o risco de a sequestradora voltar ao regime fechado, para a Casa de Prisão Provisória, onde ficou por dois anos e meio.

Na tarde do dia 30, antes de Vilma retornar à cadeia, o juiz Éder Jorge conversou com a repórter Fabíola Góis, do *Correio Braziliense*. Em tese, ele considera falta grave atitudes como a da ex-empresária.

— O atestado médico precisa ser homologado pela Justiça. O pedido só é autorizado se tiver consistência. Caso contrário, ele não vale — explicou o magistrado.

Éder Jorge disse que ausências injustificadas de presos na Casa do Albergado podem terminar até em prisão cautelar (até que seja decidido o mérito do caso). Para o magistrado, o caso da sequestradora de Pedrinho é analisado com extremo cuidado.

— Pela repercussão e pelo exemplo que Vilma poderia dar a outras pessoas, estamos atentos à execução penal dela — comentou.

Vilma será submetida ao Conselho de Disciplina da Casa do Albergado em 3 de maio. Ela terá de explicar os motivos que a levaram a não voltar para a cadeia na segunda-feira passada. Constará na ficha criminal de Vilma o descumprimento da obrigação de voltar para a prisão na data determinada pelo juiz goiano. Vilma tentará sair novamente da prisão na quinta-feira, quando está marcada cirurgia de catarata. A doença é uma complicação do diabetes. O diretor Rogério de Sá disse que só permitirá a saída caso a família apresente atestado médico com a data e discriminação do procedimento cirúrgico.

Enquanto Vilma cumpre pena, Pedrinho continua com os pais naturais, no Lago Norte. Mantém contato com as irmãs de criação por telefone e são cada vez mais raras as visitas a Goiânia. Já Roberta não desgruda da mulher que a roubou e a criou como se fosse filha legítima. Roberta acompanhou Vilma no retorno à Casa do Albergado. A jovem não convive com a verdadeira mãe, Francisca.

49 – De volta à cadeia

Por indisciplina, a sequestradora de Pedrinho pode perder o benefício de apenas dormir na cadeia. A ex-empresária foi mandada de volta ao presídio de Aparecida de Goiânia na noite de 20 de junho, terça-feira, após ficar oito dias desaparecida. Vilma passou a ser considerada fugitiva no último dia 12, quando venceu a licença médica que havia conseguido para fazer exames em um hospital e não voltou para a Casa do Albergado.

Agora corre o risco de cumprir o resto da pena de quinze anos e nove meses atrás das grades. O destino dela está nas mãos do juiz Wilson da Silva Dias, que pode determinar a regressão de pena (volta ao regime fechado) por má conduta.

A ex-empresária havia conseguido uma licença médica de três dias para fazer angioplastia, procedimento no qual o médico abre ou alarga a passagem de vasos sanguíneos bloqueados ou estreitados. Ela foi para o Hospital Santa Helena, em Goiânia, no dia 10. Deveria voltar à Casa do Albergado até a noite do dia 12, mas não apareceu. No dia seguinte uma das irmãs da detenta procurou o diretor da Casa do Albergado. A mulher apresentou um atestado, assinado por um médico diferente daquele que havia feito os exames, dando sete dias de repouso domiciliar a Vilma.

— Não aceitei o documento porque o detento só pode tirar licença para se internar em um hospital — explica Rogério de Sá.

Em seguida à negativa, ele avisou a irmã de Vilma que a ex-empresária havia cometido uma falta e entrara na condição de foragida da Justiça. A mulher reapareceu na Casa do Albergado com a irmã na tarde da última terça-feira. As duas mostraram outro atestado de sete dias a Rogério de Sá, que novamente rejeitou o documento. Ele anunciou a suspensão do benefício e mandou Vilma de volta à Casa de Prisão Provisória (CPP).

Vilma consegue retornar à Casa do Albergado e apronta de novo. Pela terceira vez no ano ela decidiu esticar a saída do albergue onde cumpre pena em regime semiaberto. Ela deixou o local às cinco e meia da manhã de 12 de agosto e deveria ter voltado até as 6 horas da tarde do dia 18, sexta-feira. Até as 7 horas da noite do dia 22 não havia aparecido. E mandou avisar que continuaria fora. Alegou problemas de saúde. Familiares ficaram de apresentar um atestado médico à direção da Casa do Albergado.

Segundo o novo diretor da unidade, Fabrício Bonfim, Vilma telefonou às sete e meia da noite de sexta-feira para dizer que não tinha condições de voltar porque estava com pressão alta e hemorragia. Esta foi a terceira das cinco saídas a que tem direito neste ano. Vilma ainda pode pedir outras duas. Uma delas, no Natal ou *réveillon*, é concedida de forma quase automática. Se apresentasse bom comportamento teria tudo para, em dois anos, ir para o regime aberto. E, em agosto de 2008, ter o direito à liberdade condicional.

Vilma passa mais dois dias fora da Casa do Albergado. Ela está internada no Hospital São Bernardo, em Aparecida de Goiânia. A direção da unidade não informou o estado de saúde da detenta. O diretor da Casa do Albergado diz que se Vilma passar a semana no hospital caberá à Justiça goiana decidir seu destino.

— Uma enfermeira nossa confirmou que ela está doente, mas a gravidade será avaliada por médicos do sistema prisional — pondera Fabrício Bonfim.

A ex-empresária só retorna à Casa do Albergado onze dias depois. Aparentando estar bem, Vilma apresenta atestados médicos que comprovaram a internação no Hospital São Bernardo e um relatório segundo o qual ela necessita de repouso, além de cuidados especiais voltados ao controle da pressão. Bonfim manda a área médica investigar o documento apresentado por Vilma.

Após as sucessivas faltas, Vilma pode ganhar o perdão pelos crimes que cometeu. O promotor Haroldo Caetano da Silva, do Ministério Público de Goiás, se manifesta pela liberdade de Vilma. Em 14 de dezembro de 2006 ele dá parecer favorável à concessão de indulto humanitário à detenta. Se o Tribunal de Justiça de Goiás acatar o pedido, a ex-empresária sairá da cadeia e continuará sob observação durante dois anos. Depois disso, caso não cometa novos crimes, será uma mulher livre. A previsão é de que a decisão saia até a próxima semana.

O indulto humanitário é concedido ao preso acometido de doença grave, permanente, com incapacidade severa, grave limitação de atividade e dependente de cuidados contínuos. A condição precisa ser comprovada por laudo médico oficial ou por dois médicos designados pelo juiz da Execução Penal. Vilma foi submetida a exame na Junta Médica do Tribunal de Justiça. A conclusão é a de que a enfermidade dela, a síndrome plurimetabólica, torna-se grave se não for corretamente tratada. A síndrome se manifesta em casos de diabetes melito, hipertensão, obesidade, dislipidemia (aumento das taxas de gordura no sangue) e problemas cardíacos.

Mas o laudo sobre a saúde de Vilma deixa claro que, embora a doença não tenha cura e possa provocar incapacidade severa, a presa ainda não está em uma situação extrema. Ela não apresenta incapacidade ou limitações para as atividades do dia a dia. Os médicos que a examinaram destacam que, recentemente, ela pediu permissão para trabalhar. A junta médica também declarou que "a paciente apresentou, à época do exame, déficit motor parcial (hemiparesia direita), o que não a incapacita de andar sem o auxílio da cadeira de rodas".

Ainda assim, o promotor Haroldo Caetano da Silva entendeu que Vilma merece o perdão. Em sua decisão, ele cita que o indulto humanitário não está restrito aos presos com doenças terminais, mas se estende àqueles com limitações para as atividades do cotidiano e que requerem cuidados contínuos. O promotor também argumenta que, em audiências, ela precisa ser carregada por agentes penitenciários. Para o promotor, as condições dela em 28 de outubro reforçam a fragilidade da detenta.

— Vilma Martins mais uma vez apresentou-se em juízo acompanhada e amparada por uma filha, fazendo uso de cadeira de rodas e com as mãos o tempo todo trêmulas — escreveu Silva no parecer.

Perto de ter os crimes perdoados, a sequestradora de bebês passou a maior parte de 2006 fora da Casa do Albergado, onde cumpria pena no regime semiaberto. Graças aos doze atestados médicos apresentados à Justiça, Vilma ficou cerca de duzentos dias na confortável chácara da família ou em uma clínica. Com a última licença, concedida no fim de novembro, ganhou mais um mês de liberdade. Caso consiga o indulto humanitário, recomendado pelo Ministério Público de Goiás — que deve ser concedido no Natal —, a autora do rapto de Pedrinho não volta mais para a cadeia. Assim, ela terá cumprido três dos oito anos e oito meses de sentença por este crime.

A sequestradora é acompanhada por uma amiga e conta com a ajuda de uma sobrinha de dezenove anos em casa. Quando não está no hospital nem na Casa do Albergado, Vilma fica na chácara comprada pelo marido de sua filha Christiane Michelle. O imóvel, batizado de Chácara Sofia — homenagem à filha de Christiane —, fica no Setor Samambaia, nos arredores da capital goiana. A ampla casa é cercada de gramados e jardim. Tem ainda piscina e quadra esportiva.

Apesar do conforto, a família que Vilma construiu ao longo de trinta e dois anos, sob muitas mentiras, se desfez. Christiane e Roberta Jamilly foram para a Europa. Roberta abandonou o curso de psicologia em uma faculdade de Goiânia ainda no primeiro semestre letivo e foi para a Espanha. Carla Beatriz e Patrícia, que Vilma registrou como filhas, também moram na Europa. Após dois meses em Goiânia, Patrícia voltou para a Europa, em janeiro de 2003. Carla deixou a casa de Vilma um mês depois e foi para a Itália, onde diz trabalhar com turismo e ser casada com um italiano, dono de um hotel em Cabo Verde, na África. Pedrinho mora com os pais verdadeiros, em Brasília, há quatro anos.

Além do abandono dos filhos, Vilma termina 2006 sem o sonho da liberdade. Contrariando o parecer do Ministério Público, o juiz Éder Jorge nega o pedido de indulto humanitário feito pela ex-empresária. Em sua decisão, tomada em 19 de dezembro, o magistrado também nega os pedidos de prisão domiciliar e de autorização para tratamento médico fora da Casa do Albergado pelo prazo mínimo de seis meses. O juiz lembra que, embora tenha admitido que ela apresenta problemas graves de saúde, a junta médica deixou claro que a sentenciada tem condições de cumprir a pena em estabelecimento prisional.

Vilma ainda tem o direito de passar o Natal com familiares. Benefício que ela goza além da conta. Vilma saiu da Casa do

Albergado e não voltou. Ela é um dos cinco detentos da Grande Goiânia (a capital e a cidade de Aparecida de Goiânia), que não retornaram após passar a festa em casa. Ao todo, foram liberados quatrocentos presos.

Vilma deveria voltar ao local onde cumpre pena em regime semiaberto às 8 horas da manhã de 29 de dezembro. Já é 4 de janeiro de 2007 e nada do retorno, nem sequer o envio de notícia. O descumprimento do prazo pode custar a Vilma a regressão para o regime fechado. A direção da Casa do Albergado já pediu à Justiça a suspensão do benefício. O fato de ela não ter justificado a falta levou a Secretaria de Justiça de Goiás a tomar providências.

Representante de Vilma Martins, a advogada Clélia Costa alega que a cliente está internada na Unidade de Terapia Intensiva do Hospital São Bernardo. Diante dos doze atestados apresentados em um ano de regime semiaberto, o secretário de Justiça, Edemundo Dias de Oliveira, determina a elaboração de um relatório para ser entregue à 4ª Vara de Execuções Penais, que cuida do caso. Não serão mais aceitos atestados médicos.

— A reeducanda foi submetida a exames há vinte dias e ficou constatado que os problemas de saúde apresentados por ela podem ser tratados dentro da Casa do Albergado — destaca o secretário.

A advogada Clélia Costa reconhece que o número de atestados em 2006 foi grande, mas alega que Vilma precisa de pelo menos seis meses para se tratar, pedido negado pela Justiça. Segundo ela, a cliente precisará ser submetida em breve a uma cirurgia para retirar um aneurisma do cérebro. Na avaliação da defensora, a Casa do Albergado não oferece as condições necessárias ao tratamento.

Não tarda a vir à tona mais uma farsa de Vilma Martins. Ela leva uma vida de luxo no Hospital São Bernardo, onde está internada.

Em uma vistoria surpresa, feita em 7 de janeiro, uma comissão de peritos da Secretaria de Justiça e do Ministério Público de Goiás encontra no quarto da paciente, que diz sofrer de hipertensão e diabetes, doces e refrigerantes, entre outras coisas. A equipe também acha medicamentos inutilizados pela ex-empresária. Alguns frascos estavam no lixo.

Vilma recebe a visita de um médico, farmacêutica, enfermeiros e agentes penitenciários às 21h30. Sabendo da inspeção, consigo a lista de itens encontrados no quarto da detenta e descritos no relatório entregue, um dia depois, ao secretário de Justiça goiano: geleia de goiaba, 394g de bala de coco, 416g de bolo de chocolate, 222g de biscoito de nata, 224g de presunto, 310g de queijo muçarela, 384g de brioche, 138g de pão de queijo, um pacote de queijada, quatro litros de Coca-Cola, sachês de catchup, sachês de maionese, frasco de pimenta-do-reino, dois envelopes de açúcar refinado, uma panela com churrasco, arroz, vinagrete e farinha.

Edemundo Dias de Oliveira pede ao juiz Éder Jorge a volta da detenta ao regime fechado. Para ele, Vilma tenta enganar a Justiça.

— A vistoria constatou que ela estava tentando burlar o sistema de execução penal — diz o secretário de Justiça.

— Talvez ela esteja provocando o agravamento da doença para conseguir ficar fora da cadeia — completa.

De acordo com a direção do Hospital São Bernardo, Vilma recebe apenas os alimentos permitidos pelos médicos. Os doces seriam de acompanhantes dela. A doença é a alegação usada por Vilma para conseguir uma série de benefícios. O mais recente é o prolongamento do recesso de Natal. Ela saiu da Casa do Albergado para passar a data com a família e não voltou mais.

Um ano após conseguir a semiliberdade, a sequestradora de Pedrinho perde o benefício. Vilma Martins é transferida do Hospital São

Bernardo para a Casa de Prisão Provisória, em 9 de janeiro. A remoção é ordenada pelo juiz Éder Jorge. Ele tomou a decisão após analisar o relatório da Casa do Albergado. Em seu parecer, o magistrado destacou que Vilma cometeu "grave ocorrência".

Éder Jorge afirma que a internação da detenta era "mero pretexto" para manter-se longe da Casa do Albergado e da vigilância policial. O magistrado lembra: a comissão que visitou Vilma no hospital constatou uma "situação incomum", ao encontrar as guloseimas no quarto dela. "Ademais, há informes de funcionários do hospital de que a reeducanda não vem tomando os remédios que lhe são ministrados, já que são encontrados constantemente comprimidos no lixo", ressalta o juiz.

Vilma deixa o hospital sob escolta e vaias de pacientes e familiares.

Treze dias após voltar à Casa de Prisão Provisória (CPP), Vilma Martins é internada no Hospital de Urgências de Goiânia (Hugo), a pedido do juiz Éder Jorge. A ex-empresária chega ao Hugo com pressão alta e dor de cabeça. O estado dela é regular. As visitas estão proibidas, mas familiares da paciente tentam burlar a segurança. Fazem fichas para serem atendidos e conseguem entrar, mas não veem a condenada. A ex-empresária passa dois dias na unidade, fazendo exames e retorna à CPP. Porém, Vilma retorna ao hospital em 25 de janeiro para novos exames. No mesmo dia, vai ao Fórum de Goiânia prestar depoimento ao juiz Éder Jorge. Oito dias depois ele decide mandar a detenta de volta ao semiaberto.

Após tantas idas e vindas, em 17 de agosto de 2007 o Supremo Tribunal Federal (STF) recebe pedido de *habeas corpus* em favor de Vilma Martins. No pedido do benefício ela contesta decisão do Superior Tribunal de Justiça (STJ) e requer a extinção da pena por prescrição. Conforme a defesa, os delitos prescreveram em 29 de abril de 1997. O advogado de Vilma sustenta que a denúncia foi feita indevidamente em 21 de novembro de 2002 e recebida em 22 de novembro de 2002, na 10ª Vara Criminal de Goiânia. Não há prazo para uma definição da corte suprema do país. O ano termina sem grandes novidades, sem novas estripulias de Vilma.

50 – Pescaria e bebedeira

Demora um pouco mais e Vilma Martins Costa apronta de novo. Ela deixou a cadeia sem autorização para pescar e beber em um parque de Goiânia. Acabou flagrada por um cinegrafista amador. Com isso, corre o risco de perder o benefício de sair durante o dia.

A escapada de Vilma ocorreu no feriado da Semana Santa, mas só foi revelada em 31 de março de 2008, por meio de uma emissora de tevê de Goiânia. Ela deixou a Casa do Albergado pela porta da frente. Disse que iria para o trabalho, em uma marcenaria de Goiânia, onde diz ser gerente. Porém, durante a pescaria e enquanto se divertia em uma roda de amigos, foi filmada e denunciada.

Agora a ex-empresária deverá ser punida com "bloqueio" de até trinta dias pelo Conselho Disciplinar da Casa do Albergado. O "bloqueio" impedirá Vilma de sair do presídio pelo período determinado pelo Conselho Disciplinar — de um a 30 dias. Outra punição à qual ela está sujeita é a proibição de sair para trabalhar. O promotor de Justiça Haroldo Caetano se diz surpreso com a pescaria de Vilma.

— Ela só poderia sair do semiaberto para trabalhar, nunca para se distrair ou pescar.

Esta não é a primeira vez que Vilma engana os agentes da Casa do Albergado e a Justiça goiana. No ano passado ela foi vista passeando em um *shopping* de Goiânia, no fim de semana, quando deveria estar no presídio. E o dono do parque onde foi flagrada na Semana Santa garantiu que Vilma já esteve no local outras vezes.

Dias depois de o flagrante ser tornado público, a Justiça pune Vilma com a suspensão temporária do direito de sair do albergue.

Junho de 2008. Após cinco anos na cadeia, Vilma está perto da liberdade. A ex-empresária ganhou o direito de cumprir pena em regime aberto. Ela começa a desfrutar do benefício na última semana do mês, e até o fim do ano, se não cometer falta, ganhará a condicional.

Atualmente no semiaberto, Vilma pode sair todos os dias da Casa do Albergado, em Goiânia, para trabalhar. Por causa do emprego em uma marcenaria, deixa o local de manhã e só volta às 8 horas da noite. No regime aberto, Vilma continuará a dormir na cadeia, mas ficará livre para passar os feriados em casa. As condições para manter o benefício ela conhecerá em uma audiência com o juiz Éder Jorge. Foi ele quem passou Vilma para o regime aberto. O magistrado, no entanto, negou à sequestradora o pedido de diminuição da pena em um quarto, conhecido como indulto. O juiz alegou, em sua decisão, que o preso não pode ter cometido falta grave nos doze meses anteriores à publicação do decreto. Não é o caso de Vilma.

Como terá cumprido outro um sexto da pena em regime aberto, ela poderá ganhar o livramento condicional em breve. Ele é permitido a todos os presos primários, desde que já tenha decorrido um terço da pena total. O benefício é a última etapa do cumprimento da pena no sistema progressivo. Nesse caso, o condenado terá de atender algumas exigências legais para deixar o presídio. Entre elas não se ausentar da comarca onde é detento, não mudar de endereço sem comunicar o juiz e ficar em casa a partir das 9 horas da noite.

Durante audiência na Justiça em 21 de junho, quando conhece as normas do regime aberto, que começou a cumprir logo após concordar com as regras, Vilma fica sabendo que deve ganhar a liberdade condicional em 15 de agosto.

Bem vestida, de óculos escuros e acomodada em uma cadeira de rodas, Vilma chega a audiência a uma e meia da tarde. Acompanhada de uma irmã e alegando direito de imagem, pede para que fotógrafos e cinegrafistas saiam da sala, o que é acatado pelo juiz Éder Jorge. Ela concorda em cumprir todas as condições impostas para permanecer no regime aberto, como manter endereço fixo e, em caso de mudança, avisar antecipadamente à Vara de Execuções Penais.

Embora não seja obrigada a trabalhar, o magistrado lembra-lhe que, caso o faça, a atividade deve ser lícita. A ex-empresária terá de manter bom comportamento social e familiar, não beber, não portar armas, não viajar sem autorização judicial, atender com rapidez eventuais requisições judiciais e não cometer crimes. Qualquer incidente poderá ocasionar-lhe a regressão do regime. Com a condicional, Vilma poderá morar onde quiser.

51 — Liberdade

Cabelo pintado e escovado, unhas feitas com direito a francesinha, moderno celular de cor rosa a tiracolo, bata indiana dourada, relógio, anel e colar igualmente radiantes e um largo sorriso. Assim, em uma cadeira de rodas, escoltada por três fiéis amigos, Vilma Martins Costa deixa a sala de audiências do 11º andar do Fórum de Goiânia, em 19 de agosto de 2008.

— Livre, como qualquer ser humano — ressalta o juiz Éder Jorge.

Vilma não poderá deixar Goiânia sem autorização judicial, terá de comunicar à Justiça qualquer mudança de endereço, será obrigada a chegar em casa antes das 9 horas da noite, mas não terá que comprovar trabalho.

— As condições são estabelecidas em lei. O juiz não pode criar outras regras — explica Éder Jorge, após a audiência.

O magistrado diz ainda que as normas valem até 16 de fevereiro de 2019, quando expiram os quinze anos e nove meses de pena a que Vilma foi sentenciada.

— Mas, até lá, ela pode ser beneficiada com um indulto presidencial, o que não é raro — explica Éder Jorge.

— Apesar de alguns incidentes no período da semiliberdade, a dona Vilma teve um comportamento razoável. Ela tem tudo para obter um indulto — acrescenta.

Entre outros incidentes ocorridos enquanto estava presa, a ex--comerciante brigou com presas, comandou rodas de jogatina e apresentou atestados inválidos à Justiça.

Antes e durante a audiência, Vilma não diz uma palavra aos jornalistas ou ao juiz. Fica compenetrada, cercada pelos amigos e pelo advogado Leonardo de Melo.

— Dona Vilma, vamos encarar mais essa de cabeça erguida — fala o defensor.

— Estou de cabeça erguida, doutor — responde ela, na única frase dita no 11º andar do Fórum.

Quando desce ao 9º andar para assinar os documentos e sacramentar a liberdade condicional, longe da maioria dos jornalistas, Vilma troca os óculos escuros por um transparente e bate papo com os acompanhantes, não contendo a alegria. Do 11º ao 9º andar ela usa o elevador privativo, destinado a desembargadores, juízes e promotores de Justiça. Após quinze minutos de trâmite burocrático, deixa o Fórum em direção à nova casa, em um setor de chácaras nos arredores de Goiânia. Seu advogado afirma que a cliente não tem condições de andar por causa de complicações do diabetes que ela diz ter. Mas o juiz Éder Jorge garante: não havia por que a ex--presidiária usar uma cadeira de rodas.

— A junta médica do Poder Judiciário atestou que não há nenhum impedimento para que a dona Vilma ande como qualquer pessoa. Talvez ela tenha algum problema emocional — observa o magistrado.

Cabe ao Ministério Público de Goiás, aos agentes da Vara de Execuções Criminais e aos conselhos das comunidades de Goiânia fiscalizar a conduta de Vilma durante a condicional. Éder Jorge reconhece não ter como acompanhar os passos da sequestradora de bebês:

— A não ser que ela seja flagrada cometendo algum delito. No mais, o cumprimento das regras do benefício depende dela.

Logo descubro o novo endereço de Vilma. Ela escolhe uma ampla, arborizada e confortável chácara, em uma região de condomínios fechados a vinte quilômetros do centro de Goiânia, para curtir o primeiro dia em liberdade condicional. É o endereço fornecido por ela à Justiça como residência fixa. Os vizinhos não escondem a insatisfação e falam até em abaixo-assinado para pedir a mudança da nova moradora, em razão de supostas arruaças aprontadas pela ex-presidiária.

Os moradores dos terrenos próximos, muitos aposentados que escolheram o lugar para viver em paz, dizem que a ex-empresária costuma dar festas barulhentas nos fins de semana.

— Tem de tudo quando ela (Vilma) está aí. A gente não consegue dormir por causa das músicas em alto volume. Ela até aluga a outra casa (são duas no mesmo terreno) para festas — reclama uma professora universitária de sessenta e cinco anos que mora no centro de Goiânia e gosta de passar o sábado e o domingo em uma das propriedades que fazem divisa com a da nova moradora fixa.

As reuniões organizadas pela família de Vilma ocorriam graças a benefícios concedidos a ela pela Justiça durante o regime semiaberto. No dia seguinte à audiência de sua soltura, Vilma chega à nova casa, no Setor de Chácaras Samambaia, às dez para o meio-dia. Ela está com três amigos. Um deles é Ana Machado Borges, que ajudou na fuga da ex-empresária após a descoberta do rapto de Pedrinho.

Ao me verem em uma chácara ao lado da de Vilma, os acompanhantes providenciam uma cadeira de rodas para Vilma descer do carro. As amigas estão com as mesmas roupas do dia anterior, quando estiveram no Fórum de Goiânia para a audiência com o juiz que deu a liberdade condicional à ex-empresária.

Ana Borges e parentes passam o resto do dia xingando os jornalistas, de plantão do lado de fora. Àquela altura tenho a companhia de uma equipe de um jornal de Goiânia. Já Vilma permanece dentro de casa, ao lado de Roberta Jamilly.

— A dona Vilma não vai dar entrevista porque está estressada, devido aos cinco anos na cadeia. Ela, inclusive, está sedada. Vai dormir o dia inteiro. Por enquanto, ninguém quer saber de entrevista — afirma o advogado Leonardo de Melo.

Menos de seis meses após conquistar na Justiça a liberdade condicional, Vilma volta a ter o nome envolvido no noticiário policial. O problema desta vez é dentro da própria família. A comerciante Carla Beatriz Martins, a mais velha das filhas legítimas, acusa a mãe de apropriação indébita. O registro policial feito em uma delegacia de Goiânia detalha os motivos da briga entre as duas.

O caso é investigado pelo 7º Distrito Policial, do Setor Jardim América, que abriu inquérito no começo de fevereiro de 2009. A comerciante disse à polícia que deixou vários bens aos cuidados da mãe há cerca de oito anos. A data confere com a mudança dela para um país da Europa. Em agosto do ano passado, no entanto, a moça acabou deportada e, ao voltar ao Brasil, pediu tudo de volta. A ex-empresária teria negado a devolução de móveis de uma casa e do maquinário da mercearia. Detalhes, ambas de propriedade da filha.

Carla Beatriz também reclamou aos policiais o não pagamento de um empréstimo feito a Vilma logo que retornou à capital goiana. A dívida seria de R$ 8,5 mil, valor dado em dois cheques — um de R$ 4 mil e outro de R$ 4,5 mil. O débito familiar deveria ter sido pago até novembro de 2008, o que não ocorreu. Ainda há informações na delegacia goiana de que a ex-empresária teria dito para a filha "esquecê-la".

Não encontro nenhuma das duas para entrevista. Sou informado apenas que Vilma continua morando na chácara do Jardim Samambaia. O titular do 7º Distrito Policial, delegado Paulo Roberto Tavares de Brito, também não ouviu o depoimento de Vilma. Mas adiantou que talvez nem seja necessário, pois a apropriação indébita entre parentes de primeiro grau deve ser resolvida em juizados cíveis.

— A polícia poderia entrar nesse caso só se houvesse indícios de outro crime. Pelo que ouvi da Carla até agora, foi só isso que aconteceu. Provavelmente, vou pedir ao juiz para que o inquérito seja arquivado — explica Brito. E assim o fez.

Vilma continua em Goiânia, livre, sem emprego, vivendo de sua parte na pensão deixada por Osvaldo Borges. Na cidade também está Roberta Jamilly. Pedrinho, cada vez mais distante da mãe e da irmã de criação, é só amor com os pais biológicos, com quem ainda mora na confortável casa do Lago Norte. Ele está prestes a completar o curso de direito no Centro Universitário de Brasília. Quer ser um grande advogado, fazer Justiça.

Epílogo

Brasília, 17 de setembro de 2012. Azuis e vermelhos dividem o Governo do Distrito Federal. Antigos aliados de Joaquim Roriz ocupam altos cargos na administração do petista Agnelo Queiroz. Mas Roriz, que renunciou ao cargo de senador logo após tomar posse, por causa do escândalo conhecido como o da Bezerra de ouro, ainda tem os petistas como maiores inimigos.

No esquema em questão, Roriz, segundo o Ministério Público do Distrito Federal, foi beneficiado de forma ilegal pelo desconto de um cheque de R$ 2.231.155,60, em nome do empresário Nenê Constantino, fundador da Gol Linhas Aéreas e dono do Grupo Planeta, o maior conglomerado de transporte público da capital do país. Então presidente do Banco de Brasília (BRB), Tarcísio Franklin atendeu a um pedido de Roriz, quando este era governador e mandava na instituição, e autorizou que o cheque do Banco do Brasil fosse pago pela tesouraria do BRB, em uma operação considerada um favorecimento a Roriz em virtude da relação entre ele e Constantino, uma atenção que um correntista qualquer não teria. Roriz ficaria com R$ 270 mil, conforme conversas gravadas por meio de escutas telefônicas autorizadas pela Justiça. A suposta irregularidade virou objeto de ação de improbidade administrativa protocolada pelo Núcleo de Combate às Organizações Criminosas do Ministério Público contra Roriz, Constantino, Franklin, o ex-secretário de

Governo Benjamim Roriz e integrantes do BRB que participaram da operação.

Aos setenta e nove anos, Constantino cumpriu, de março de 2011 até agosto de 2012, prisão domiciliar, à espera do julgamento do caso em que é apontado como o mandante do assassinato de um líder comunitário que encabeçou a invasão a um terreno do empresário no Distrito Federal. Pesa contra o amigo de Roriz também a denúncia de mandar matar um ex-genro, sobrevivente de uma saraivada de tiros disparada contra o seu carro em uma emboscada.

Integrantes da Polícia Civil do Distrito Federal continuam a misturar polícia com política. São muitas e recorrentes as denúncias de grampos ilegais em gabinetes da capital da República. Delegados e investigadores ocupam posições de destaque no governo local e na Câmara Legislativa do DF. Um deles, Durval Barbosa, foi o delator do esquema batizado como Mensalão do DEM, que veio à tona em novembro de 2009 por meio da Operação Caixa de Pandora, da Polícia Federal, e levou à renúncia e prisão do então governador José Roberto Arruda.

Autor dos famosos vídeos de políticos embolsando dinheiro sujo de toda forma, até mesmo na meia, Barbosa nada tem de herói. Coleciona processos na Justiça, que vão do roubo de dinheiro público a abuso sexual contra crianças. Há duas semanas o procurador-geral da República, Roberto Gurgel, denunciou à Justiça Barbosa, Arruda e mais trinta e cinco pessoas pelo Mensalão do DEM. O Ministério Público Federal concluiu que o esquema teve início em 1999, primeiro ano do terceiro mandato de Joaquim Roriz como governador do Distrito Federal. Gurgel também apontou Roriz como integrante da quadrilha, mas o ex-governador escapou de mais uma denúncia à Justiça por causa da idade. Aos setenta e quatro anos ele conta com a prerrogativa de ter o prazo de punibilidade reduzido pela metade. Dessa forma, sua inclusão no rol de denunciados seria inócua, pois uma eventual condenação já estaria prescrita.

Apadrinhado por Roriz, o delegado Laerte Bessa, da Polícia Civil do DF, chegou a conseguir uma vaga na Câmara dos Deputados por meio do voto direto. Não se reelegeu. Aposentado na carreira policial, agora trabalha como advogado e ainda atua nos bastidores da política candanga.

Outro delegado de destaque nas investigações que levaram às condenações de Vilma Martins, Antônio Gonçalves perdeu a vida de forma trágica em meio a mais uma investigação de grande repercussão nacional. Ele estava no helicóptero da Polícia Civil goiana que caiu na tarde de 8 de maio de 2012, após a reconstituição da chacina ocorrida em Doverlândia. O aparelho havia acabado de levantar voo e retornava para Goiânia com oito pessoas a bordo. Ninguém sobreviveu. Além de Gonçalves, na aeronave estava outro delegado responsável pela investigação e o principal suspeito do crime, Aparecido Souza Alves, de vinte e dois anos. Ele confessou a participação na chacina em uma fazenda, em 28 de abril, na qual sete pessoas foram degoladas. As vítimas eram o dono da fazenda e o filho dele, um caseiro da propriedade e dois casais que haviam ido visitar o fazendeiro. Antônio Gonçalves ocupava o cargo de superintendente da Polícia Judiciária em Goiás. Sua morte causou grande comoção entre os colegas, que o tinham como um dos delegados mais respeitados, íntegros e competentes da instituição. Não havia nada que o desabonasse em sua ficha profissional.

Desde o rapto de Pedrinho na maternidade, a sua localização e o reencontro com a família biológica os governantes brasileiros muito falaram em ações para evitar esse tipo de crime, diminuir o número de crianças desaparecidas por motivos diversos e facilitar as investigações sobre o paradeiro delas. Criaram leis, *sites*, cadastros e até fizeram uma Comissão Parlamentar de Inquérito (CPI) no Congresso Nacional, mas pouco vingou. Tanto que nem sequer há dados oficiais sobre o número de crianças e adolescentes que desaparecem todos os anos no Brasil.

Conforme a *Agência Brasil*, a agência de notícias do Governo Federal, uma pesquisa divulgada pela Rede Nacional de Identificação e Localização de Crianças e Adolescentes (RedeSap), em parceria entre o Ministério da Justiça e a Secretaria de Direitos Humanos, mostrou que, entre janeiro de 2000 e março de 2011, 1.237 crianças e adolescentes foram incluídos no cadastro de desaparecidos. Do total, foram encontrados 644. Conflitos familiares foram a principal causa do desaparecimento em 487 casos. Conflito de guarda, que levam crianças e adolescentes a fugir de casa, e subtração de incapaz também são motivos recorrentes, com 87 registros, seguidos de sequestro, com 59 casos. Os dados não estão atualizados e, até o Governo Federal admite, estão longe de representar a realidade. Entre janeiro de 2010 e março de 2011, apenas 48 casos de crianças e adolescentes desaparecidos foram notificados neste sistema: 36 no Pará, 4 em Sergipe, 3 no Rio de Janeiro, 3 em Goiás e 2 no Rio Grande do Sul. Em São Paulo, por exemplo, o estado que costuma registrar o maior número de desaparecimentos, não constava nenhum registro referente a 2010. Só em São Bernardo do Campo (SP), segundo dados das delegacias locais, 205 casos de crianças e adolescentes desaparecidos foram notificados às autoridades policiais em 2010.

Estatísticas à parte, por motivos diversos os principais personagens do Caso Pedrinho preferem manter-se no anonimato. Todos são avessos a entrevistas. No entanto, alguns me concederam entrevista para uma série de reportagens sobre os dez anos do reencontro de Pedrinho com os pais biológicos, que seria publicada no *Correio Braziliense*. Vilma Martins Costa e suas filhas preferiram manter-se em silêncio. No entanto, consegui saber por onde andavam e o que fazia cada uma delas por meio dos entrevistados e de familiares goianos de Vilma.

Sem ter confessado publicamente nenhum dos crimes atribuídos a ela e com cinquenta e sete anos, Vilma mora no bairro Itanhangá, em Goiânia, com Roberta Jamilly Martins Borges. Hoje, aos trinta e dois anos, Roberta está casada e tem um filho. Ao contrário do irmão de criação, não retomou o nome original, Aparecida Fernanda Ribeiro da Silva, nem o convívio com a família biológica. Nem sequer visita a mãe verdadeira, Maria Francisca Ribeiro da Silva. Vilma vive de sua parte na pensão deixada pelo ex-marido, Osvaldo Borges. Christiane Michelle mudou-se para a Europa e tem dois filhos. Carla e Patrícia voltaram do velho continente, após anos morando lá, por causa da escassez de emprego provocada pela crise mundial.

Dez anos depois, os primeiros a me receberem foram Jayro e Lia. Na tarde da segunda-feira, 10 de setembro de 2012, sem gravador e sem fotógrafo, peguei meu carro e rumei para o Lago Norte. Almocei em um centro comercial do bairro nobre e, em seguida, sem qualquer contato prévio, decidi ir ao conjunto da QI8. Passei em frente à casa onde uma década antes um batalhão de jornalistas fazia plantão no intuito de conseguir imagens e entrevistas com o casal. Não sabia se Lia e Jayro, ou qualquer outro integrante da família, ainda moravam ali. Estacionei o carro, desci e toquei o interfone:

— Quem é?

— É o Renato. Gostaria de falar com a dona Lia. Ela está?

— Só um momentinho.

Pelas frestas do portão reconheci dona Lia vindo em minha direção. O mesmo cabelo, as mesmas roupas simples, os mesmos passos calmos. Ela abriu o portão.

— Oi, pois não!?

— Dona Lia, talvez a senhora se lembre de mim. Sou o Renato, do *Correio Braziliense*. Fiz algumas reportagens sobre a localização e volta do seu filho, o Pedro. Gostaria de conversar alguns minutinhos com a senhora.

— Ah, agora lembro. Vamos entrar.

Ao entrar, logo reparei nas paredes. Lá estavam o resultado do DNA de Pedro Rosalino Braule Pinto, emoldurado, como há dez anos, e umas quatro capas do *Correio Braziliense*, também emolduradas. Entre elas, a com a manchete "Final feliz", do dia seguinte ao reencontro dos pais com o filho desaparecido por dezesseis anos, e a da carta escrita por Pedro para Lia, publicada no Dia das Mães de 2003.

Pedi desculpas a Lia por uma suposta invasão de privacidade e expliquei que estava ali para mexer naquele passado. Recontar a história dela, de Pedro, de Jayro, de toda família. Também falei do livro que estava escrevendo.

— Sério!? Quero ler logo. Principalmente a parte dos bastidores. Coisas que não me contaram. Isso me interessa muito — reagiu ela, positivamente.

Não esperava aquilo. Já havia tentado entrevistar a família, sem sucesso, nos últimos seis anos. Sempre de forma educada, me respondiam dizendo não ter mais o que falar e pedindo respeito à privacidade de todos.

Sem dar voltas, Lia começou a falar dos últimos dez anos da vida da família. As novidades mais importantes: nenhum dos filhos mora mais com ela e Jayro. Em compensação, eles ganharam três lindas netas, todas da filha Cláudia, hoje com trinta e um anos; Pedrinho casou em novembro de 2011 e vai ser pai do primeiro filho; de ruim, Jayro teve um enfarte.

Após tantas novidades em poucos minutos, surge Jayro, caminhando lentamente, recém-saído do banho. Lança-me um olhar desconfiado. Lia nos reapresenta.

— Ah, tô lembrado de você, sim.

Cheio de dedos, reconto o motivo da minha visita.

— Seu Jayro, sei que o senhor sempre foi o mais fechado, aquele que mais tentou evitar contato da imprensa com a família. Mas me compreenda. Muita gente vai procurá-los em razão dos dez anos e acho que tenho o direito de recontar esta história.

Ele interrompe.

— Você está mais do que certo. Ninguém conhece esta história mais do que você. A gente queria mesmo cair no anonimato. E conseguimos isso, por muito tempo. O tempo passou. Muita coisa aconteceu, mas nada além de uma família normal. Inclusive o meu enfarte. Somos uma família comum.

— Mas as pessoas querem saber o que faz essa família comum, porque ela é a família do Pedrinho, e Pedrinho não é filho só de Lia e Jayro. Ele é filho de uma cidade, que o adotou. Que sofreu com vocês e comemorou muito a volta dele.

— Você tem razão. O que quer saber?

— Tudo o que vocês quiserem falar. Comece me falando do senhor. Como foi esse enfarte?

Jayro, com sessenta anos, e Lia, aos cinquenta e nove anos, começaram a falar do passado recente, à vontade. As entrevistas viraram uma conversa, que varou a tarde, em meio a cafezinhos. Também falei muito, pois eles tinham curiosidade sobre o livro. Queriam saber dos bastidores da investigação. Descobriram muitas histórias que diziam respeito à vida de ambos. Confirmaram algumas suspeitas que ainda hoje não têm como provar. Confidenciaram segredos que autorizaram publicar, como a gravidez da mulher de Pedro, e outros que pediram para ficar entre nós.

Lia e Jayro agora curtem a tranquilidade da aposentadoria. Bem diferente de uma década atrás, os verdadeiros pais de Pedrinho não têm mais a companhia constante dos quatro filhos nem de policiais e jornalistas. Em compensação, ganharam as três netas, que fazem a alegria da casa.

— Com elas não temos a mesma responsabilidade que tínhamos com os filhos — ressaltou Jayro.

Como há dez anos, Lia se dedica ao artesanato e à família. Já Jayro está aprendendo a conviver com o maior susto da vida, desde o sumiço do filho caçula, o enfarte de um ano atrás. O sinal de alerta veio no primeiro tempo de uma partida de futebol entre amigos, em um clube do Lago Sul. No entanto, sentindo dores, ele continuou em campo até o fim do jogo, por volta do meio-dia. Pensou tratar-se de um mal-estar por causa de algo que havia comido. Foi para casa dirigindo. Somente às 7 horas da noite, quando começou a sentir um formigamento em um dos braços, percebeu a gravidade do caso. Levado por Lia, deu entrada em um hospital. Sobreviveu por pouco.

— O médico me disse que eu tinha 99,99% de possibilidade de morrer. Foi um segundo milagre em minha vida — afirmou ele. O primeiro foi a descoberta do paradeiro de Pedro.

Jayro, Lia e os médicos culpam os cigarros pelo enfarte.

— Fumei por quarenta e dois anos. Cheguei a largar o vício por cinco anos, voltei quando o Pedro foi sequestrado — lembrou ele.

Jayro, Lia e os médicos acreditam que ele sobreviveu, em grande parte, por sempre ter feito exercícios físicos, como corrida e futebol. Desde o susto e a cirurgia a que teve de se submeter, o fiscal aposentado da Receita Federal deixou a paixão pelo futebol de lado. Agora, só assiste aos jogos do Fluminense, time do coração, na tevê. Aos campos, para torcer e jogar, não sabe quando poderá voltar. Só sai de casa, toda manhã, para a fisioterapia. Nesses doze meses, porém, descobriu o gosto pela escrita. Publicou o primeiro livro, *Direito Tributário para Concursos*, lançado pela editora Gran Cursos, na noite de 13 de setembro de 2012, na Livraria Cultura do CasaPark Shopping, em Brasília. Já planeja escrever outra obra, também voltada a “concurseiros”, para quem deu aulas por vinte anos. Nessas duas décadas, ele deu muita aula fora de Brasília, até mesmo em Goiânia.

— Estive em Goiânia muitas vezes no período em que o Pedro morava lá e não nos conhecíamos — revelou Jayro.

Os pais de Pedrinho demonstram satisfação por vê-lo já um homem de vinte e seis anos, advogado de um escritório de renome, casado, prestes a ser pai. Acreditam ter acertado na educação do garoto, mesmo tendo começado a conviver com ele quando já chegava quase aos dezessete anos. No entanto, uma década após tê-lo reencontrado, em Goiânia, sofrem ao reviver o período de busca pelo paradeiro do filho roubado horas após nascer. Tanto que há quatro anos não dão mais palestras sobre o caso, como costumavam fazer regularmente em igrejas e escolas, com o intuito de dar lições de fé, esperança, superação. Os pais de Pedrinho não escondem a decepção com a falta de programas governamentais para investigação de casos de crianças desaparecidas e de apoio aos pais vítimas desse tipo de crime.

— Enquanto sequestros de crianças forem tratados como apêndices nas delegacias nada vai mudar — afirmou Jayro.

— Participávamos como voluntários do SOS Criança, um programa sério, que dava toda a assistência às famílias de crianças desaparecidas. Mas ele acabou há uns três anos e não criaram outro — lamentou Lia.

O casal contou que o sequestro do filho Pedro Rosalino Braule Pinto abalou a relação deles.

— Quando acontece algo desse tipo, a tendência é a família desagregar. No nosso caso, isso quase ocorreu. Mas eu e a Lia viramos um para o outro e dissemos: "Se não tiver família, um lar, o que fará com que esse menino volte para a gente?" Aí decidimos enfrentar tudo, cada vez mais unidos — destacou Jayro.

Sobre a criação de Pedrinho, Jayro foi sucinto.

— O criamos como nossos outros três filhos. A diferença é que tínhamos de ensinar tudo em um espaço de tempo muito menor. Mas acho que acertamos.

Lia e Jayro contaram que se comovem com toda história de criança desaparecida. Disseram ter lido juntos o livro escrito por Kate e Gerry McCann, pais da menina britânica Madeleine, desaparecida em 3 de maio de 2007. Na publicação, lançada em maio de 2011, eles falam sobre o sumiço da filha, relatam o sofrimento e a esperança que ainda alimentam de encontrar a criança viva. O livro é baseado principalmente em notas de Kate, que, como Lia com Pedrinho, escreveu um diário desde o desaparecimento da filha. Os recursos obtidos com a venda do livro estão destinados a um fundo com o qual os McCann pagam os serviços de detetives particulares. A criança desapareceu quando a família passava férias na Praia da Luz, um pequeno balneário português. Após catorze meses de uma investigação controversa, a Justiça portuguesa decidiu arquivar o caso. O casal McCann sempre privilegiou a tese de um sequestro, mas a menina nunca foi encontrada.

— Enquanto lia, grifava os trechos que se assemelhavam à nossa história. E não eram poucos. O principal deles, o fato de a polícia colocar a família sob suspeita logo de cara. Parece que a polícia portuguesa é formada na mesma escola da polícia brasileira — ironizou Jayro, para depois lembrar os diversos erros cometidos pelos investigadores no caso Pedrinho.

— Além de encontrarem vários Pedrinhos que não eram o nosso, remexeram nas nossas vidas. Perderam muito tempo me investigando, vasculhando meus telefonemas, as minhas contas. Claro que não acharam nada.

Durante a nossa conversa, só um assunto incomodou o casal, a relação de Pedro com Vilma.

— Sabemos que ele vai a Goiânia, mas não perguntamos o que vai fazer lá nem com quem se encontra. Ele fala se quiser. Se esteve ou se encontrou com ela (Vilma), nunca nos contou, por opção. Criamos o Pedro assim, com muita liberdade — comentou Lia.

No fim do encontro, falei com Lia e Jayro sobre o desejo de entrevistar Pedro e a pouca esperança de que ele me recebesse. Afinal, havia ouvido quatro nãos dele nos últimos quatro anos. Por telefone e ou *e-mail*, ele alegava sempre querer tocar a vida no anonimato. Desta vez, Lia e Jayro acham que Pedro deveria falar.

— Acho que vai fazer bem a ele. E muita gente ficará feliz em saber que ele está bem. Pode deixar. Vamos falar da sua visita e pedir para que ele te receba em casa. Ele nos ouve muito — garantiu Lia.

Após tantas horas e novidades, difícil seria manter segredo sobre a nossa conversa. Bastava contar o que ouvira, principalmente sobre a paternidade de Pedrinho, para o jornal decidir publicar tudo, mesmo sem uma foto nova. Sabendo disso, decidi esperar o prometido telefonema de Lia. Ele não veio na terça-feira. Nem na manhã e tarde de quarta-feira. Mesmo temendo incomodá-la, liguei para Lia no fim da tarde. Ela pediu desculpas. Disse que já havia falado com Pedro e que ele aceitou me receber em casa. Lia me passou o número do celular do filho. Agradeci e logo depois telefonei para o jovem. Expliquei que tinha uma viagem marcada para a próxima semana e, ao voltar, sairia de férias. Perguntei se ele não poderia me receber naquele dia, àquela hora, em qualquer lugar.

— Pode ser aqui em casa? Ela tá meio bagunçada — ponderou.

— Pode. Estou indo agora — respondi, sem dar tempo a ele para mudar de ideia.

Comuniquei ao chefe da Fotografia do jornal que estava indo ao encontro de Pedrinho para uma entrevista, sem falar o que já sabia a respeito do garoto. E pedi sigilo absoluto. Imediatamente ele arrumou um fotógrafo para me acompanhar na pauta.

Em menos de vinte minutos estávamos na Quadra 705, no prédio onde Pedrinho mora. Toquei o interfone e ele nos mandou subir. Ele nos recebeu sem cerimônia, descalço, de *short* e camiseta amarrotada, pronto para dormir. Ao lado dele, uma cadela *poodle* branca, de lacinho rosa, Lua, a "filha" dele e da mulher, como ele nos apresentou.

Com alguns quilos a mais, fios de cabelos brancos, sem as mechas douradas e os brincos da adolescência — imagem que Brasília e todo o país tinham dele —, Pedro Júnior Rosalino Braule Pinto começou a falar após nos acomodarmos em volta da mesa da sala de seu apartamento de sessenta metros quadrados. Contou ter concluído o curso de direito no UniCeub, a pós-graduação, ter noivado e casado com Nábyla Gabriela Queiroz Galvão, uma bela e simpática baiana de Santa Maria da Vitória, que adentrou a sala assim que começamos a entrevista.

Sentada a cerca de um metro, no sofá da sala, ela fez questão de acompanhar toda a conversa. E fez algumas intervenções. Contou, entre outras coisas, que se conheceram há oito anos. Já Pedro, sobre o silêncio que manteve nos oito anos sem entrevista a qualquer jornalista, alegou apenas que fez de tudo para "levar uma vida normal".

— O anonimato é a melhor coisa — destacou.

Na noite dessa quarta-feira ele falou como nunca. Até mesmo sobre temas delicados, como a convivência com a mulher que o sequestrou. Ele ainda fez um desabafo e, acima de tudo, demonstrou o amor pelo filho que está por nascer e pela mulher. Tanto que não economizou nos sorrisos nem carinhos ao posar para fotos ao lado dela e no quarto do bebê, todo decorado. Fez questão de mostrar o conjuntinho com macacão, *short*, meias e sapatos do Corinthians — o seu time do coração — que comprou para o neném usar nos primeiros dias de vida.

Pedro disse saber muito mais sobre o seu passado e a dimensionar os sofrimentos da família por causa do seu sequestro.

— Tenho mais discernimento das coisas.

Ele destacou também o companheirismo da mulher, de vinte e três anos.

— Ela sempre me ajudou muito, me ouviu, foi compreensiva, fundamental nessa história toda.

O agora "doutor Pedro" acredita que o fato de ela ser muito nova e morar distante de Brasília e de Goiânia quando seu caso veio à tona também contribuiu bastante.

— Ela sabia pouco. Por isso, não tomava partido, era neutra, me entendia.

Lá onde eu morava, uma cidade do interior, não chegava jornal nem as notícias do sequestro dele. Ouvi falar por alto — acrescentou Nábyla.

Sobre o nome do filho, Pedro explicou:

— João era o discípulo mais amado por Jesus. Pedro é uma homenagem aos meus pais.

Nábyla interrompeu, mais uma vez.

— É João Pedro porque não veio a Alice. Mas os papais vão amar muito esse menino — comentou, passando a mão sobre a barriga.

Além da mulher e do filho, Pedro falou com orgulho de outras conquistas, como o apartamento.

— Tudo aqui fui eu que comprei e fiz, não contratei arquiteto — observou, enquanto mostrava os cômodos reformados do imóvel, acompanhado pela cadela Lua.

Apesar de ainda não ficar totalmente à vontade diante de um jornalista, ele disse entender o interesse dos leitores pela sua história.

— Sei que muita gente nesta cidade torceu pelos meus pais, sofreu com eles. Ainda há quem me para na rua, no *shopping* e me dá um abraço, e até chora. Isso pode ser desconcertante, mas é bom.

Pedro Júnior Rosalino Braule Pinto agora é um típico cidadão adulto de classe média brasiliense. Morador da Asa Norte, corre na rua, joga futebol com amigos e almoça com parentes aos domingos.

Rotina que espera manter ao menos até meados de novembro de 2012, quando deve nascer João Pedro. E, por causa da criança, pensa em estabilidade, fazer concurso e virar funcionário público.

Pedrinho ainda tem vínculos com Goiânia, onde passou os primeiros dezessete anos de sua vida. Costuma fazer de carro os mais de duzentos quilômetros do trajeto da BR-060, que liga Brasília à capital goiana, para rever os amigos e a família de criação. Visita inclusive Vilma, a mulher condenada por raptá-lo e registrá-lo como se fosse filho legítimo dela. Mas Pedrinho não fala de Vilma com os pais biológicos. Eles também não fazem questão.

Pedro deixou a casa dos pais biológicos, no Lago Norte, após se casar com Nábyla, em 19 de novembro. Na época, ele tinha vinte e cinco anos e ela, vinte e dois. Nascida e criada em Santa Maria da Vitória, a quase 600 quilômetros de Brasília, ela mudou-se para a capital federal aos doze anos, para estudar. Fã de axé-music, conheceu Pedro aos quinze anos, em uma festa sertaneja, o ritmo preferido dele, criado em Goiânia.

— Mas a gente não ficou assim de primeira não. Nós nos reencontramos um ano depois, no mesmo local e aí ele pegou o meu telefone e me ligou para sair — destacou a jovem, que se formou em administração de empresas e trabalha no Hospital Universitário de Brasília, o HUB.

Realizada na Paróquia Nossa Senhora do Lago, no Lago Norte, a cerimônia católica que uniu Pedro e Nábyla reuniu os familiares brasilienses e goianos do noivo, além dos parentes da noiva, do interior da Bahia, com tios e primos moradores do Distrito Federal.

— Foi o casamento mais emocionante de que participei. Não por ser meu, mas por causa do noivo. Ele chamou mais atenção do que a noiva. A maioria dos convidados estava ali por causa dele. As pessoas se emocionaram bastante — contou a mulher de Pedro. Um dos momentos mais marcantes do casamento foi a entrada de Pedro.

O menino roubado na maternidade prestou uma homenagem à mãe. No começo da cerimônia matrimonial os músicos contratados tocaram uma versão de "Anunciação". A música do compositor pernambucano Alceu Valença acompanhou Lia nos dezesseis anos de busca pelo filho. Canção que ela cantou sem parar na manhã do domingo, 10 de novembro de 2002, quando se preparava para pegar a estrada e reencontrar o filho, em Goiânia: "A voz do anjo sussurrou no meu ouvido/Eu não duvido já escuto os teus sinais/ Que tu virias numa manhã de domingo/eu te anuncio nos sinos das catedrais...".

Da família goiana de Pedrinho, apenas Vilma não veio a Brasília para o casamento dele. Mas ambos se encontram regularmente. Quando vai a Goiânia, o que geralmente ocorre uma vez por mês e em feriados prolongados, Pedro visita Vilma e as irmãs de criação Patrícia Helaine, Carla Beatriz e Roberta Jamilly. É na casa de Roberta que Pedro e a mulher costumam dormir quando estão na capital goiana. Pedrinho também tem contato com Christiane Michelle, pela internet e pelo telefone.

Por outro lado, também nunca esteve tão unido à sua família biológica. Faz questão de ver os pais ao menos uma vez por semana. Fala ao telefone com o irmão Dudu quase todo dia. Ambos vivem se encontrando na casa de Pedro para jogar *videogame*. Disse ser esse seu momento criança. Pedro já atuou como assistente em ao menos um grande caso de repercussão na capital. Teve a foto estampada na capa do *Correio Braziliense*, de terno e gravata, ao lado da cliente, dois anos atrás, mas sem dar entrevista. Vai levando a sua "vida normal", trabalhando, casado, jogando peladas com os amigos brasilienses nas noites de meio de semana, torcendo pelo Corinthians e o Goiás, almoçando com toda a família aos domingos. Como sempre sonharam Jayro e Lia por longos dezesseis anos.

Dez anos após ser presa por raptar o bebê Pedrinho em Brasília e outra em Goiânia, Vilma Martins Costa está de volta à cadeia. Aos cinquenta e oito anos, ela passou a noite de 21 para 23 de maio de 2013 em uma cela com criminosas comuns, no 14º Distrito Policial de Goiânia, na Vila Pedroso. A ex-empresária, que estava em liberdade condicional após cumprir oito dos quinze anos da pena pelos raptos e registros falsos das duas crianças, agora é acusada de receptação de produtos roubados. Policiais civis prenderam ela e uma amiga, a esteticista Sônia Eliene Silva, quarenta anos, em flagrante, na tarde de 21 de maio, com oito aparelhos de uma clínica odontológica furtada dois dias antes.

Os investigadores abordaram Vilma e a outra suspeita em uma rua do Jardim Planalto, bairro de Goiânia onde fica a clínica arrombada. Os equipamentos estavam no carro da ex-empresária. Entre eles, havia um raio-x e uma estufa. Os policiais chegaram às duas após receberem denúncia do dono de uma oficina de assistência técnica de aparelhos odontológicos. A dupla procurou a loja oferecendo produtos usados, sem nota fiscal ou qualquer procedência.

Desconfiado, o proprietário recusou a oferta do estabelecimento e acionou a Polícia Civil.

— O pessoal desse ramo já estava avisado do roubo de domingo. Por isso, o lojista logo desconfiou. Uma equipe nossa foi atrás do carro apontado por ele. Encontraram as duas na rua, em um Fiesta seminovo da dona Vilma, com alguns produtos dentro — explica o delegado Gylberto Ferro, chefe do 20º DP, que fica no Jardim Europa.

Em depoimento no distrito policial, Vilma Martins negou ter roubado os produtos, mas não soube explicar a origem deles, segundo o delegado Geraldo Caetano Brasil, responsável pelo inquérito.

— Ela já deu três versões: pegou de um terceiro, desconhecido; comprou de outra pessoa, também desconhecida; por fim, ganhou de um catador de papel. Agora, vamos investigar se ela não participou diretamente do roubo. Temos quase certeza haver mais gente envolvida — conta o policial.

Geraldo Brasil a indicia por receptação. Se condenada, Vilma pode pegar mais três a oito anos de cadeia. Por ter sido flagrante e de forma qualificada, o delegado não pode arbitrar fiança, ainda segundo Brasil. A nova prisão pode atrapalhar a liberdade condicional da ex-empresária. Ela ganhou o benefício em 2008.

Desde então, além de não cometer qualquer outro delito, a condenada não poderia deixar Goiânia sem autorização judicial e era obrigada a comunicar à Justiça qualquer mudança de endereço. Também era obrigada a chegar em casa antes das nove da noite, mas não teria que comprovar trabalho. As normas valem até 16 de fevereiro de 2019, quando expira a pena.

Vilma Martins e a amiga esteticista são transferidas para a Casa de Prisão Provisória, no Complexo Prisional de Aparecida de Goiânia, na noite de 27 de maio.

Testemunhas complicaram a situação de ambas. Duas dentistas reconheceram os equipamentos apreendidos com a ex-empresária como sendo os de uma clínica odontológica assaltada. Elas ainda contaram à polícia que duas filhas da acusada fizeram tratamento no local. Por fim, uma pessoa entregou à polícia uma caixa cheia de aparelhos e medicamentos de odontologia, encontrados em um lote vizinho da suposta comparsa da raptora de crianças.

No 20º DP, as dentistas vítimas do furto reconheceram os equipamentos apreendidos com Vilma e Sônia. Segundo a dona da clínica, que não quis ser identificada, o furto deve ter ocorrido à noite, quando vizinhos notaram a luz do consultório acesa. Ela acredita que quem esteve no local conhecia o prédio, pois até fecharam o registro de água para os equipamentos serem retirados.

A proprietária da clínica diz ainda que, há dois anos, duas filhas de Vilma fizeram tratamento odontológico no consultório. Ainda segundo a dentista, Sônia esteve no consultório perguntando sobre o furto, um dia após o crime. Para a vítima, a intenção da suposta curiosa era levantar informações sobre o valor dos produtos.

Consigo cópia dos depoimentos formais das acusadas. Ambas afirmaram estar tentando vender os produtos e, cada uma diz estar prestando um favor a amigos. No caso de Vilma, ela explicou que Sônia faz tratamento estético nela e fez um favor de levar os equipamentos. Só não soube explicar o que uma esteticista amadora fazia com aparelhos odontológicos.

Já Sônia disse que apenas levou os equipamentos, que nem sabia serem de fins odontológicos, para o comerciante, a pedido de um conhecido, de quem ela teria comprado equipamentos de estética tempos atrás.

Ainda sem emprego formal, Vilma vive de sua parte na pensão deixada pelo ex-marido, Osvaldo Borges.

Entrevista com Pedrinho

O que mudou nesses dez anos?

Tudo. Eu era um adolescente, muito fechado para o mundo. Hoje sou muito mais esperto, tenho mais discernimento das coisas. Consigo enxergar melhor a minha história, a história dos meus pais.

Você hoje sabe quem é quem nesta história?

Sei. Entendo tudo melhor, estou maduro.

Mas me parece que você não se sente à vontade para falar dela.

Tem coisas que me incomodam.

Uma delas é falar sobre a Vilma? Você mantém contato com ela?

Sim. E eu sei que os meus pais não gostam. Por isso a gente não fala sobre isso.

Alguma vez eles o proibiram de vê-la, criaram alguma objeção ao relacionamento de vocês?

Nunca. Os meus pais me criaram com liberdade de escolha. Eu fiz as minhas escolhas.

Você guarda mágoa de alguma coisa ou de alguém?

O que me incomodou muito foi lá no começo. Fui muito julgado, e de forma errada. Como eu não era de falar, diziam que eu era insensível, que eu não estava nem aí para nada. E não era isso. Eu via e sentia tudo, muito. Me machuquei bastante, mas guardava tudo comigo. E isso não é fácil. Era um menino e tentava tratar tudo de forma serena, para não magoar ninguém. O que eu dissesse ou fizesse podia magoar uma pessoa ou outra.

E você acha que magoou alguém?

Fiz de tudo para isso não acontecer. Se magoei, não foi de propósito, com dolo (ele ri, ao usar um termo jurídico).

Além de Vilma, você tem contato com as suas irmãs de criação?

Tenho sim, com todas. Só a Christiane não mora em Goiânia. Ela está na Europa, teve dois filhos. As outras duas que moravam na Europa (Patrícia Helaine e Carla Beatriz), voltaram para o Brasil, por causa da crise econômica. A Roberta tem um filhinho. Ela está casada, muito bem, tranquila. (Registrada como Roberta Jamilly, sua verdadeira identidade foi descoberta em 2003 pela polícia goiana. Um exame de DNA provou ser ela Aparecida Fernanda Ribeiro da Silva, roubada em uma maternidade de Goiânia, em 1979.)

Então você vai muito a Goiânia?

Antes da gravidez a gente ia mais, uma vez por mês pelo menos. Agora, vou a cada dois meses. Tenho muitos amigos lá, muitas festas, casamentos para ir.

E onde você fica?

A gente vai como mochileiro. Fica na casa de um amigo ou na casa da Roberta.

E em Itaguari (GO), onde passou parte da infância e morava o seu avô de criação?

Estou em falta com o pessoal de lá. Sinto saudade de todos, eram muito carinhosos comigo. Todos muito simples. Estou em dívida com eles, pois não vou lá há um ano.

E como foi a relação com a família brasiliense nesses dez anos?

Foi uma relação de uma família comum. Teve muitos momentos bons, teve momentos ruins, difíceis, como o do enfarte do meu pai. Nada além do que toda família vive.

Como está o contato com seus pais e seus irmãos biológicos?

Vou à casa dos meus pais todo fim de semana. Segunda-feira mesmo eles vieram trazer pães de queijo para mim. Vejo os meus irmãos sempre. Com o Dudu, por exemplo, falo todo dia. Ele vem aqui em casa para jogarmos *videogame*. Acho que esse é o meu lado do Pedrinho criança.

Como foi deixar os pais, a confortável casa do Lago Norte?

Sempre fiz de tudo para não dar trabalho aos meus pais. Trabalhei desde cedo. Tivemos (ele e a mulher) muito apoio deles para começar a nossa vida. Meus pais sempre incentivaram os filhos a sair de casa, ter a própria vida, seguir o seu caminho.

No primeiro ano com os seus pais era nítida a sua insatisfação com Brasília. E agora, qual é a sua relação com a cidade?

Meus amigos de Goiânia vivem me perguntando por que eu ainda moro nesta cidade. Coisa daquela rixinha boba de goiano com Brasília. Respondo a eles que precisam conhecer melhor Brasília. É uma cidade na qual você não precisa mais do que cinco meses para se adaptar. Gosto da minha rotina aqui, da segurança, do trânsito, das oportunidades de trabalho.

Você e a sua mulher fazem algum plano de deixar Brasília algum dia?

Nunca. A gente já conversou sobre isso. É aqui que queremos criar os nossos filhos.

Então vocês têm planos de ter mais de um.

Se a condição financeira deixar, vou ter dois ou três. É o meu sonho. Mas isso se a condição financeira deixar. A vida não é fácil...

Como pretende criar o João Pedro?

Pensei muito nisso no começo, mas vi que não há segredo. Vou criá-lo do mesmo jeito que os meus pais me criaram, com os mesmos princípios.

Pode-se dizer que você virou um típico cidadão de classe média brasiliense?

Sim. Levo a vida de um brasiliense comum e hoje gosto muito desta cidade.

E há algum hábito brasiliense que você adquiriu?

A corrida de rua. Eu nunca havia feito isso. Comecei a correr quando morava com os meus pais, no Lago Norte, onde há muita área para a prática. Aos domingos, corria no Eixão do Lazer. Agora, morando na Asa Norte, corro perto do autódromo. Nas minhas corridas acompanhei toda a construção do estádio (Estádio Nacional Mané Garrincha).

E você pensa em fazer um concurso público para se tornar brasiliense por completo?

Penso por causa da estabilidade, principalmente agora que tenho um filho. Mas gosto de advogar.

Dez anos atrás, quando a polícia de Brasília o achou em Goiânia, você vivia dizendo que queria ser delegado. Por que mudou de ideia?

Realmente gostei muito de vê-los trabalhar, dos métodos de investigação. Não pensava em seguir a carreira de advogado até começar a estagiar no escritório que estou até hoje. Lá, conheci muita gente bacana, séria, ética. Fui conquistado pelos colegas de trabalho. Vi o lado bonito da profissão, como podemos ajudar os outros. É gratificante quando você defende alguém acusado de algo que não fez. Tinha colegas de faculdade que sonhavam em fazer fortuna com a advocacia. Eu sempre respondia que não queria ser rico, apenas viver bem, tranquilo.

Agradecimentos

Dizem que todo jornalista sonha ser escritor. Juro que nunca tive essa pretensão. Nunca imaginei escrever um livro. Nem mesmo nos meus tempos de faculdade, quando temos tantos sonhos. Sempre duvidei das minhas virtudes como escritor. Considero meu texto duro, nada literário. Tenho plena consciência de que sou apenas um bom repórter, um jornalista. Também não pensava que teria uma grande história a contar em formato de livro, até mergulhar na cobertura do Caso Pedrinho. Faltava coragem. Foram mais de sete anos até sentar em frente ao computador, em casa, para começar a escrever as primeiras linhas desta publicação. Acelerei a produção neste último ano ao lembrar que em novembro se completaria uma década da descoberta do paradeiro de Pedrinho. Jornalista adora número.

Além da insegurança, da inexperiência neste ofício, enfrentei grandes dilemas. Os maiores deles dizem respeito aos limites, à exposição de nomes e de histórias. Dessa forma, decidi, em alguns momentos, recuar, excluir algumas informações e me ater àquelas de acesso público, tendo como atrativo extra os detalhes de bastidores das investigações policiais e do trabalho jornalístico, com uma nova linguagem. Também pude explorar a fundo o conteúdo de inquéritos e processos judiciais — documentos públicos —, me estender sobre capítulos já publicados no *Correio Braziliense* e em outros veículos de comunicação, pelo fato de aqui não haver a limitação do espaço de um jornal ou uma revista. Transformei uma série de reportagens em um livro reportagem.

Antes de tudo, pensei no sofrimento e nas lições de Jayro e Lia. Sempre tive a preocupação de, por meio desta obra, levar um pouco de alento àqueles que têm um ente desaparecido. Mostrar que reencontrar essa pessoa querida é possível, mais ainda a quem tem fé e perseverança, como ensinam os pais de Pedrinho em suas palestras e entrevistas. E é a esses dois a quem mais agradeço, pois sempre procuraram entender o trabalho, não só o meu como dos colegas jornalistas que tanto os incomodaram, muitas vezes invadindo a intimidade do casal e da família.

Em meio a tantas dúvidas, medos, contei com o apoio de muita gente nessa empreitada. Talvez cometa injustiças ao esquecer alguns. Peço perdão àqueles que porventura não citar.

Devo esta pauta à minha ex-editora de Cidades, atual editora-chefe do *Correio Braziliense* e grande amiga Ana Dubeux. Ela e Cristine Gentil, ex-coordenadora do caderno Cidades e hoje editora da *Revista do Correio*, sempre depositaram grande confiança em mim. Incentivaram-me a abraçar esta história. Ao Carlos Alexandre, subeditor de Cidades à época da cobertura do caso, agradeço a responsabilidade e dedicação com a edição de cada matéria escrita por mim, além dos muitos conselhos quanto aos cuidados com o texto. Na pessoa de João Bosco Adelino (*in memoriam*), registro a gratidão a todos os colegas diagramadores, infografistas, artistas gráficos, profissionais premiados no país e no exterior que contribuíram para tornar as minhas reportagens mais atraentes.

Dentre os parceiros repórteres de cobertura destaco os colegas da linha de frente de batalha Dante Accioly, Edilson Rodrigues e Guilherme Goulart, que dividiram pautas, angústias e felicidades nos dias de trabalho em Goiânia e Brasília. A todos os demais colegas do caderno de Cidades, da turma de 2000 até os dias atuais, agradeço a parceria, a amizade, relação que muito tem a ver com o fato de escolher permanecer na mesma bancada, na mesma função.

Ao paciente Júnior, obrigado por nos guiar pelo complicado trânsito da capital goiana em calorentos e exaustivos dias. Ainda pela temporada em Goiânia, agradeço à colega de profissão Wanda Oliveira, que sempre contribuiu com a nossa equipe.

Quando o noticiário do Caso Pedrinho começou a esfriar, veio do respeitado colega Eumano Silva, então editor de Política do *Correio*, a primeira sugestão de transformar a cobertura em livro. Sempre me lembrei do apoio dele.

Para começar a escrever de fato, precisava me organizar. Tinha muita informação já publicada, muita coisa inédita, mas muita coisa confusa também. Perdia muito tempo, indo e vindo, checando nomes, datas. Nessa fase contei com a imprescindível ajuda da colega, amiga e neomãe Adriana Bernardes. Coube a ela fazer parte da pesquisa que seria o norte deste livro.

Com o trabalho acelerado, lembrei-me de que não tinha uma editora. E nem sequer sabia como procurar uma, como apresentar uma proposta de livro. Afinal, era um universo completamente desconhecido para mim. Nesse momento, recorri a colegas e amigos, como Carlos Marcelo, Cláudio Humberto, Dad Squarisi, Thaís Braga e Josemar Jimenez. Todos me deram importantes dicas, me abriram portas. Diretor de Redação do *Correio* e do *Estado de Minas*, este último deu contribuição fundamental para o projeto vingar. Ao senhor Luiz Fernando Emediato só tenho a agradecer pela confiança.

Por fim, em um momento crucial, quando o prazo para entrega dos originais expirava e eu atravessava um conturbado momento em minha vida, contei com o apoio essencial de três anjos: Valéria de Velasco, Dona Maria e minha amada Eliane. A elas devo a força para concluir esta obra e a continuar a procura por outras histórias que valham a pena ser compartilhadas.

Referências

As principais fontes de pesquisa para este livro são:

A memória do autor;

As anotações (algumas já publicadas por meio de reportagens do *Correio Braziliense* e outras até então inéditas);

Os inquéritos policiais e os processos judiciais que tratam dos casos dos desaparecimentos dos recém-nascidos Pedro Rosalino Braule Pinto e Aparecida Fernanda Ribeiro da Silva;

A reportagem "A farsa chega ao fim", de Cecília Maia, publicada na revista *IstoÉ Gente* de 24 de fevereiro de 2003;

A reportagem "A estranha Vilma", de Estela Capareli, publicada na revista *Época* de 22 de fevereiro de 2003;

Reportagens publicadas pelo jornal *Correio Braziliense* entre 7 de novembro de 2002 e 7 de fevereiro de 2009, de autoria dos repórteres Ana Helena Paixão, Ana Lúcia Moura, Ana Sá, Cida Barbosa, Cristine Gentil, Dante Accioly, Fabíola Góis, Guilherme Goulart, Juliana César Nunes, Marcelo Xavier, Mariana Ramos, Naiobe Quelem, Renato Alves, Roberto Fonseca, Samanta Sallum, Sandra Turcato, Tarciano Ricarto e Tiago Faria.

Impressão e acabamento:

Orgrafic
Gráfica e Editora
tel.: 25226368